MY BEST

授業の理解から入試対策まで

よくわかる英文法問題集

羽鳥博愛　東京学芸大学名誉教授

古谷三郎　聖徳大学名誉教授
片山七三雄　東京理科大学教授

本書の特色と使い方

　この『よくわかる英文法問題集』は，学校の授業の理解を助け，大学入試にも役立つ英文法の基礎力を，高校生のみなさんがしっかり身につけられるようにとの願いから作られました。姉妹版の参考書『よくわかる英文法』(別売)と併用すると効果的です。

　英文法は，外国語としての英語を学ぶうえで最も基本となるものです。しかし，学校の授業では，ともすれば原則的なことがらをひととおり学ぶだけで，英文法の基礎力や応用力を身につけるためのトレーニングの量が十分とはいえません。必要十分な量の練習問題を用いたトレーニングを積み重ねることによってのみ，英文法の基礎力や応用力を身につけることが可能なのです。

　ぜひこの問題集で，トレーニングを積み，英文法の基礎力をしっかり養ってください。

本書の特色

1 高校英文法の基礎固めは，この1冊でOK

　本書には，高校で学ぶ英文法の基礎事項について，必要にして十分な量の問題を収録されています。英文法の基礎トレーニングはこれ1冊でOKです。

2 大判サイズ，2色刷りだから，使いやすくて読みやすい

　本書は使いやすく，読みやすいように大判のB5サイズになっています。また，本誌，別冊ともにポイントがわかりやすい2色刷りになっています。

3 3ステップで着実に英文法の力がつく

　各章は，高校で学ぶ英文法の重要事項を確認し，基本レベルの問題から応用レベルの問題へスムーズに進めるように，「これだけはおさえよう→基本問題→応用問題」という3ステップ構成を基本としています。

4 問題を解きながら，文法事項の確認ができる

　基本問題と応用問題の大問ごとに，(➡ 1)のような数字が付されています。この数字はこれだけはおさえようの学習項目の番号に対応しています。問題を解いていて疑問が生じたり，問題が解けなかったりしたら，その番号の示す項目に立ち戻って確認できます。

本書の使い方

1 基本事項を確認する
まず**これだけはおさえよう**で,基本事項を簡単におさえましょう。

2 「基本問題」を解く
次に**基本問題**を解いていきます。 ヒント も参考にして,自力で解いてみましょう。答えは本書の余白やノートに実際に書いてみましょう。手を動かして学習すると,知識が確実に定着します。

3 「解答・解説」で答えを確認する
別冊「解答・解説」で,答えを確認してください。できなかった問題は,解説をしっかり読んで,どこでつまずいたかをチェックしましょう。重要な事項をまとめた POINT も随所に掲載しているので活用しましょう。

4 「応用問題」を解く
基本問題と同じように,まず自力で問題にチャレンジしてから,「解答・解説」で確認しましょう。また,**応用問題**が難しいと感じた場合は,まず基本問題だけをとおして解いてから,改めて**応用問題**を解いてみるとよいでしょう。

5 「実戦問題」「大学入試レベルにチャレンジ」を解く
高校の定期テストや大学入試によく出るポイントを盛り込んだオリジナル問題で構成された **実戦問題**と実際に入試で出題された問題を精選した **大学入試レベルにチャレンジ**を随所に掲載しています。この問題集の総仕上げとして,また力だめしとしてチャレンジして下さい。

▲これだけはおさえよう&基本問題

▲応用問題

3

CONTENTS もくじ

本書の特色と使い方 …………………… 2

第1章 基本の文型
- これだけはおさえよう …………… 6
- 基本問題 ………………………… 7
- 応用問題 ………………………… 9

- 実戦問題 ………………………… 10

第2章 いろいろな文
- これだけはおさえよう …………… 12
- 基本問題 ………………………… 13
- 応用問題 ………………………… 15

- 実戦問題 ………………………… 16
- 大学入試レベルにチャレンジ ……… 18

第3章 基本時制と進行形
- これだけはおさえよう …………… 20
- 基本問題 ………………………… 21
- 応用問題 ………………………… 23

第4章 完了形と完了進行形
- これだけはおさえよう …………… 24
- 基本問題 ………………………… 25
- 応用問題 ………………………… 28

- 実戦問題 ………………………… 30

第5章 助動詞
- これだけはおさえよう …………… 32
- 基本問題 ………………………… 33
- 応用問題 ………………………… 35

- 大学入試レベルにチャレンジ ……… 36

第6章 受動態
- これだけはおさえよう …………… 38
- 基本問題 ………………………… 39
- 応用問題 ………………………… 41

第7章 不定詞
- これだけはおさえよう …………… 42
- 基本問題 ………………………… 43
- 応用問題 ………………………… 45

第8章 動名詞
- これだけはおさえよう …………… 46
- 基本問題 ………………………… 47
- 応用問題 ………………………… 49

第9章 分詞
- これだけはおさえよう …………… 50
- 基本問題 ………………………… 51
- 応用問題 ………………………… 53

- 実戦問題 ………………………… 54
- 大学入試レベルにチャレンジ ……… 56

第10章 名詞と冠詞
- これだけはおさえよう …………… 58
- 基本問題 ………………………… 59
- 応用問題 ………………………… 61

第11章 形容詞
- これだけはおさえよう …………… 62
- 基本問題 ………………………… 63
- 応用問題 ………………………… 65

第12章 副詞・否定
- これだけはおさえよう …………… 66
- 基本問題 ………………………… 67
- 応用問題 ………………………… 69

第13章 代名詞
- これだけはおさえよう …………… 70
- 基本問題 ………………………… 71
- 応用問題 ………………………… 73

- 大学入試レベルにチャレンジ ……… 74

第14章 関係詞①―関係代名詞
- これだけはおさえよう …………… 76
- 基本問題 …………………………… 77
- 応用問題 …………………………… 79

第15章 関係詞②―関係副詞
- これだけはおさえよう …………… 80
- 基本問題 …………………………… 81
- 応用問題 …………………………… 83

- 実戦問題 …………………………… 84

第16章 形容詞節〔句〕/副詞節〔句〕
- これだけはおさえよう …………… 86
- 基本問題 …………………………… 87
- 応用問題 …………………………… 89

第17章 比較
- これだけはおさえよう …………… 90
- 基本問題 …………………………… 91
- 応用問題 …………………………… 93

第18章 前置詞と接続詞
- これだけはおさえよう …………… 94
- 基本問題 …………………………… 96
- 応用問題 …………………………… 97

- 実戦問題 …………………………… 98

第19章 名詞節
- これだけはおさえよう …………… 100
- 基本問題 …………………………… 101
- 応用問題 …………………………… 103

- 大学入試レベルにチャレンジ ……… 104

第20章 話法
- これだけはおさえよう …………… 106
- 基本問題 …………………………… 107
- 応用問題 …………………………… 109

第21章 仮定法
- これだけはおさえよう …………… 110
- 基本問題 …………………………… 111
- 応用問題 …………………………… 113

第22章 分詞構文
- これだけはおさえよう …………… 114
- 基本問題 …………………………… 115
- 応用問題 …………………………… 117

- 実戦問題 …………………………… 118

第23章 特殊構文と呼応
- これだけはおさえよう …………… 120
- 基本問題 …………………………… 121
- 応用問題 …………………………… 123

- 実戦問題 …………………………… 124
- 大学入試レベルにチャレンジ ……… 126

第1章 基本の文型

1 〈S+V〉の文

❶ **主語**(S)になるのは，〈（**形容詞**＋）**名詞**〉または**代名詞**のことが多い。

- **Most people** sleep for 8 hours.（たいていの人は 8 時間眠る）

❷ 〈S+V〉の間や後に続く**副詞**または**副詞句**は，動詞を説明する働きをする。

- I **sometimes** sleep **on the sofa**.（私はときどきソファーの上で眠る）
  　　副詞　　　　　　　　副詞句

　注　副詞句は上例の on the sofa のように〈前置詞 + 名詞〉の形が多い。

2 〈S+V+C〉の文

- You look **pale**. What's **the matter**?
  　　　　　補語（形容詞）　　　　補語（名詞）

（きみは顔色が悪いね。どうしたの？）

❶ **補語**(C)をとる動詞の代表的なものは be 動詞と become, look, feel, get などである。

❷ **補語**になりうるものは，上例のように**形容詞**か**名詞**が基本である。

3 〈S+V+O〉の文

- My sister likes **music** very much.（私の姉〔妹〕は音楽がとても好きだ）
  　　　　　　　　目的語

❶ **目的語**(O)は動詞の直後に置かれるのがふつうであり，動詞を説明する副詞・副詞句は動詞の前やあと，または目的語のあとに置かれる。

❷ **目的語**になるのは，**名詞**か**代名詞**または〈**形容詞＋名詞**〉のことが多い。

4 〈S+V+O+O〉の文

- The sun gives **us heat and light**.（太陽は私たちに熱と光を与えてくれる）
  　　　　　　　間接目的語　直接目的語

❶ 「（人）に」にあたる**間接目的語**は「（物）を」にあたる**直接目的語**の前に置く。

❷ 目的語を 2 つとる動詞の代表的なものには give があるが，ほかに teach（教える），tell（伝える，言う），show（示す），buy（買ってやる）などがある。

　注　間接目的語と直接目的語をとる動詞を**授与動詞**ということがある。

5 〈S+V+O+C〉の文

- We called **our dog Pochi**.（私たちはうちの犬をポチと呼んだ）
  　　　　　　目的語　補語

❶ **目的語**と**補語**を従える動詞には，① call（〜と呼ぶ），name（〜と名づける），② think（〜と思う），consider（〜と考える），③ see（〜を見る），hear（〜を聞く），④ make（〜させる），let（〜させる）などがある。

❷ この文型では〈O＝C〉が成立し，上例では Our dog is Pochi. と表せる。

基本問題

解答・解説は別冊 p.1

1 次の各文の主語(S)と述語動詞(V)を指摘しなさい。ただし、主語はそれを修飾している語(句)もつけて答えること。 → **1 2 3**

(1) In summer all sorts of food go bad quickly.

よく出る! (2) To go to Paris to study painting was her dream.

(3) On the hill stood a house with a green roof.

(4) How strange our life is!

(5) Did you and Susan play tennis yesterday afternoon?

> **ヒント** (1) 文頭にあるものが主語とは限らない。 (2) 何が「彼女の夢」であったのかを考える。それが主語。 (3) stood の主語を求める。 (4) 感嘆文であることに注意。

2 次の各文の下線部の語(句)が何を修飾しているかを指摘しなさい。 → **1 3**

(1) We got into a taxi <u>at the airport</u>.

ハイレベル (2) (A)<u>On the way</u> we saw a (B)<u>beautiful</u> rainbow.

(3) I took a picture (A)<u>of the rainbow</u> (B)<u>at once</u>.

(4) (A)<u>Soon</u> we got to our hotel (B)<u>in the city</u>.

(5) Many flowers (A)<u>in the garden</u> bloom (B)<u>in spring</u>.

> **ヒント** (1) at the airport は、タクシーに乗った場所。 (2) on the way は「途中で」の意味。 (3) take a picture は「写真をとる」、at once は「すぐに」の意味。 (4) get to ～は「～に着く」の意味。 (5) bloom は「(花が)咲く」の意味。

3 次の各文の中から〈S+V+C〉の文を選び、番号で答えなさい。 → **2**

(1) He looks young for his age.

(2) He looked at the top of the mountain.

(3) Leaves turn red in autumn.

(4) The paper feels rough.

(5) My father walks very fast.

(6) It is getting warmer day by day.

(7) My father bought me a nice camera.

> **ヒント** (1)(2) look ～と look at ～を区別する。 (3) 「秋には紅葉する」が文意。〈turn ＋形容詞〉は「～になる」の意味。 (4) feel には「手ざわりが～である」の意味がある。 (5) この文での fast の品詞を考える。 (6) get には「～になる」の意味がある。day by day は「日ごとに」の意味。

7

4 次の各文の中から〈S+V+O〉の文を選び，番号で答えなさい。

(1) Tom's father works hard from morning till night.
(2) It became cold suddenly.
(3) We play football in winter.
(4) The boy goes to church every Sunday.
(5) My sister often buys new CDs.
(6) He has no house of his own.

> **ヒント** (1) hard が目的語にあたるかどうかを，品詞から考えてみよう。 (2) cold の品詞から目的語になれるかどうかを考えること。 (4) to church は〈前置詞 + 名詞〉であることに注意。 (6) no house of his own は a house of his own（彼自身の家）を否定したもの。

5 次の各文が〈S+V+O+O〉か，〈S+V+O+C〉かを答えなさい。

(1) A policeman showed us a map of the town.
(2) My sister thought Johnny handsome.
(3) Who gave you these books?
(4) Can you get me a copy of that book?
(5) We elected the girl chairperson.
(6) We often see larks fly high up in the sky.

> **ヒント** (1) a map of the town が目的語か補語かを考える。 (2) Johnny と handsome がイコールの関係にあると考えられるか。 (4) 「その本を1冊入手していただけますか」の意味。 (6) 〈see + 目的語 + 動詞の原形〉の形に注目して判断する。

6 次の日本文に合うように，( )内の語を並べかえなさい。

(1) 私の年老いた祖父はいつもとてもゆっくり歩く。
(always, grandfather, my, slowly, very, walks, old).

(2) 母の誕生日に私は母にプレゼントをあげた。
(a, birthday, gave, her, I, Mother, on, present, to).

(3) このバラはとても甘いにおいがする。
(rose, smells, sweet, this, very).

(4) 私たちは先生に質問をたくさんした。
(a, asked, lot, of, our, questions, teacher, we).

(5) 彼女は昨夜，ドアを白く塗った。
(door, painted, night, last, she, the, white).

> **ヒント** (1) 副詞 always と slowly をどこに入れるのかを考える。 (2) 前置詞 to があることに注目。 (3) smell は「～のにおいがする」の意味。 (4) 「たくさんの～」は a lot of ～。 (5) door と white の語順に注意。

応用問題

解答・解説は別冊 p.1

1 次の各文が〈S+V〉,〈S+V+C〉,〈S+V+O〉,〈S+V+O+O〉,〈S+V+O+C〉のいずれの文であるかを答えなさい。

(1) Butter goes soft easily in summer.
(2) This knife cuts very well.
(3) Please make your story a little shorter. 【よく出る!】
(4) The girl showed her teacher a lot of beautiful pictures.

ヒント
(1) go の意味は「行く」とは限らない。
(3)「話をもう少し短くしてください」が文意。

2 次の各文を( )内の指示に従って書きかえなさい。

(1) My grandmother goes for a walk.
　（often と in the evening を加えて）
(2) My father bought a bicycle for me.
　（〈S+V+O+O〉の文に）
(3) We saw a dog. The dog was running toward us.
　（2つの文を〈S+V+O+C〉の1つの文に）

ヒント
(1) often は頻度を表す副詞。入れる位置が動詞の前かうしろかは,その動詞が be 動詞か一般動詞かによる。
(2) buy は,SVOO での間接目的語にあたる名詞がうしろにくるときは,前置詞 for を使う動詞。
(3) see は「～が…する[…している]のを見る」の意味で用いられることがある。

3 次の日本文を与えられた語句を用いて英訳しなさい。

(1) その少年は青白い顔をしていて,弱々しく見えた。(look, seem) 【ハイレベル】
(2) 私たちのおじは,昨夜私たちにナポレオンの話をしてくれた。(Napoleon)
(3) アメリカをチャンスの国だと考える人が多い。(consider, a land of opportunity) 【ハイレベル】

ヒント
(1) 前半も後半も〈S+V+C〉の文にして書く。
(3)〈S+V+O+C〉の文を作ってみよう。

実戦問題

1 次の各文の空所に下の語群から適当な語を選んで入れなさい。
(1) Light (　　) faster than sound.
(2) That (　　) like a good idea.
(3) Good medicine (　　) bitter.
(4) He often (　　) me letters.
(5) He always (　　) his body clean.

〔 calls　leaves　keeps　sends　sounds　tastes　travels 〕

2 次の日本文に合うように，英文の空所に適当な1語を入れなさい。
(1) 牛乳は子どもたちを丈夫で健康にする。
　　Milk (　　) children strong and healthy.
(2) ドアをあけたままにしておいてはいけない。
　　You must not (　　) the door open.
(3) 彼は生涯独身で通した。
　　He (　　) a bachelor through his life.
(4) 私のおじはその店に入って，私に腕時計を買ってくれた。
　　My uncle entered the shop and bought a watch (　　) me.
(5) きのう私のおばに会ったが，彼女が幸せなことがわかった。
　　I saw my aunt yesterday, and I (　　) her happy.

3 次の日本文に合うように，（　）内の語を並べかえなさい。
(1) 私は旅行して多くのことを学んだ。
　　(has, me, much, taught, travel).
(2) お願いを聞いていただけませんか？
　　(a, ask, favor, I, may, you)?
(3) どこで乗車券を買うのか教えてください。
　　(get, me, please, tell, tickets, to, where).
(4) 好天のためにピクニックは大成功だった。
　　(a, fine, great, made, picnic, success, the, weather).
(5) なぜそのリンゴは落ちたのだろうか？
　　(apple, fall, made, that, what)?

4 次の各文の誤りを訂正しなさい。
(1) This flower smells sweetly.
(2) Will you lend some money for me?
(3) We heard a canary sings in the cage.
(4) He was born poorly, but he was a millionaire when he died.

5 次の各文を（　）内の指示に従って書きかえなさい。
(1) I owe my mother a lot of money.
 （my mother と a lot of money の順序を入れかえて）
(2) All his friends thought that he was rich.
 （〈S+V+O+C〉の文に）
(3) I called on my teacher last night.
 （下線部をほかの1語でいいかえて）
(4) I heard a bell. It was ringing in the church.
 （2文を1文に）
(5) It seems that he is a rich businessman.
 （He を主語にして〈S+V+C〉の文に）

6 次の日本文を指示された文型で英訳しなさい。
(1) 彼女はその知らせを聞いて青ざめた。
 (S+V+C)
(2) 私は妹の誕生日に妹に何もあげなかった。
 (S+V+O)
(3) 駅へ行く道を教えていただけませんか？
 (S+V+O+O)
(4) 英語ではこの花を何といいますか？
 (S+V+O+C)
(5) 私たちは道中ずっと立ち続けなければならなかった。
 (S+V+C)

第2章 いろいろな文

1 疑問文の作り方

❶ be 動詞, 助動詞があればそれを主語の前に置く。
- Mary *will* come here soon. → **Will** Mary come here soon?

❷ 一般動詞の場合には, **do, does, did** を主語の前に置き, 動詞は原形にする。
- His sister *lives* in France. → **Does** his sister *live* in France?

❸ 疑問詞を用いる疑問文は〈疑問詞＋疑問文 ?〉が基本。
- **When** *will Mary* be here?

2 否定文の作り方

❶ be 動詞はそのうしろに **not** を置く。
- The rumor *is* true. → The rumor *is* **not** true.

❷ 助動詞があれば〈助動詞＋ not ＋動詞の原形〉の形にする。
- He *will* play the piano. → He *will* **not** play the piano.

❸ 一般動詞の場合には **do not, does not, did not** を動詞の原形の前に置く。
- The teacher *told* us a story. → The teacher **didn't** *tell* us a story.

3 部分否定

- all, every, always などとともに not が用いられると**部分否定**になる。
- I have**n't** read **all** these books.（私はこれらの本を全部読んだわけではない）

4 命令文の作り方

❶ 主語の you は省略して, **動詞の原形**を文頭に置く。
- **Get** up earlier, John.（ジョン，もっと早く起きなさい）

❷ 否定の命令文は be 動詞, 一般動詞とも〈**Don't**＋動詞の原形〉で始める。
- **Don't be** lazy, boys and girls.（みなさん，なまけてはいけません）

5 感嘆文の作り方

❶ How を用いる：**How** fast time flies!（時がたつのはなんと速いことか） How 形か副 S V

❷ What を用いる：**What** a nice room this is!（これはなんとすてきな部屋なのだ）

What a(an) 形 名 S V

6 付加疑問の作り方

❶ 主文が**肯定文**であれば,〈否定形の助動詞(be 動詞)＋主語 ?〉をつける。
- The sun *sets* in the west, **doesn't it?**（太陽は西に沈むのですよね）

❷ 主文が**否定文**であれば,〈助動詞(be 動詞)＋主語 ?〉をつける。
- You *don't want* to go shopping, **do you?**（買い物には行きたくないのですね）

基本問題

解答・解説は別冊 p.2

1 次の各文を疑問文にしなさい。

(1) Mr. Aoki is an English teacher.
(2) A cat can see in the dark.
(3) They work part-time on weekdays.
(4) The girl studies hard.
(5) His parents lived in Osaka.

ヒント (1) 動詞が be 動詞であることに注意。
(2) 助動詞 can があるときの疑問文はどうするか。 (3) work は一般動詞である。
(4) 主語が 3 人称単数で現在時制なので動詞が studies になっている。
(5) 動詞が過去形 lived であることに注意。

2 次の各文を not を用いて否定文にしなさい。

(1) The boys are going to the movies.
(2) It will rain tomorrow.
(3) I have seen a living whale.
(4) We had music lessons yesterday.
(5) Yumiko won the match.

ヒント (1) be 動詞の否定文。 (2) 助動詞がある場合はどうするか。
(3) have seen は現在完了形。have は助動詞か,一般動詞か。
(4) had は助動詞か,一般動詞か。 (5) won が過去形であることに注意。

3 次の各文の( )の中から正しいものを選びなさい。

よく出る! (1) (How, What) a clever boy he is!
(2) (How, What) high the Tokyo Sky Tree is!
よく出る! (3) (How, What) beautiful feathers the peacock has!
(4) (How, What) beautifully the girl dances!
(5) How early (Tom's mother gets up, does Tom's mother get up)!

ヒント (1) 「彼はなんと賢い少年なのだろう」が文意。 (2) 「高い」ことに感心している。
(3) How や What に続くのが単独の形容詞か,〈形容詞 + 名詞〉かを考える。
(5) 感嘆文と疑問文においての「主語」と「動詞」の語順を考える。

4 次の日本文の意味になるように，空所に適当な1語を入れなさい。

(1) 教室では静かにしなさい。
 (　　) quiet in the classroom.

(2) 赤信号では道路を横断するな。
 (　　) cross the road against the red light.

(3) 1週間は何日ありますか？
 (　　) many days are there in a week?

(4) だれもが詩人になれるわけではない。
 Not (　　) can be a poet.

(5) あなたは今おひまなのですよね。
 You are free now, (　　) you?

(6) 彼は東京の郊外に住んではいないのですよね。
 He doesn't live in the suburbs of Tokyo, (　　) he?

ヒント (1) quiet は形容詞だから be 動詞が入る。 (2) 禁止している。 (3) 疑問詞を入れる。 (4)「だれもが〜というわけではない」の表現は部分否定。 (5)「〜なのですよね」は付加疑問。 (6) 主文が否定文になっている付加疑問。

5 次の各文の誤りを訂正しなさい。

(1) Does she likes mathematics?

(2) How a nice room this is!

(3) You didn't meet him, didn't you?

(4) Please in time for school.

ヒント (1) 主語は3人称単数で現在時制。 (2) 感嘆文の作り方の基本を思い出そう。 (3)「あなたは彼に会わなかったのですね」 (4)「授業に間に合うようにしてください」が文意。

6 次の日本文の意味になるように，(　)内の語を並べかえなさい。

(1) メアリーがこのケーキを作ったのですよね。
 (cake, didn't, made, Mary, she, this)?

(2) あなたはなんてすてきな花瓶を持ってきてくれたのでしょう。
 (a, brought, have, you, vase, what, nice)!

(3) 身の回りの動物に残酷であってはならない。
 (animals, around, be, don't, the, to, you, cruel).

(4) 私は日曜日にいつも在宅しているわけではない。
 (always, am, home, at, on, not, I, Sundays).

ヒント (1) Mary を受けている she があることに注意。 (2)「すてきな花瓶」は名詞に重点があることに注意する。 (3) 否定の命令文。 (4) not と always が一緒に使われると部分否定になる。

応用問題

解答・解説は別冊 p.3

1 次の各文の空所に適当な1語を入れなさい。 → 1 5 6

(1) "(　　) are you?" "Very good, thank you."
(2) "(　　) are you looking at?" "I am looking at that little bird."
(3) (　　) a terrible sight it is!
(4) You didn't see anybody in the forest, (　　) you?
(5) There is some water in the bottle, isn't (　　)?

ヒント (1) 相手の健康状態を聞いている。 (2) you を引き出すための疑問詞を入れる。 (3) 感嘆文。
(4) 「森ではだれにも会わなかったのですね」 (5) There is〔are〕～の文の付加疑問は？

2 次の各文を（　）内の指示に従って書きかえなさい。 → 1 2 4 5 6

よく出る! (1) I am looking for my hat.
（下線部が答えとなるような疑問文に）

(2) Be careless about such things.
（否定文に）

(3) Japan has made very rapid progress.
（感嘆文に）

(4) You must cry in a loud voice.
（命令文に）

(5) They had a good time then.
（付加疑問文に）

ヒント (1) 疑問詞を使う疑問文に。 (2) 否定の命令文にする。 (3) How と What のどちらを使うかを考える。 (4) 動詞の原形で始める。 (5) had は動詞か助動詞か。

3 次の日本文を英訳しなさい。 → 1 2 5 6

ハイレベル (1) あなたは春と秋とでは，どちらが好きですか？
(2) 私は人前で話すのは好きではありません。

よく出る! (3) あの少女たちはなんと幸せそうに見えるのだろう。
(4) あなたは妹さんを博物館(museum)に連れて行ったのですよね。

ヒント (1)「春と秋」の表現に注意する。 (2)「人前で」は in public。 (3) 感嘆文にする。 (4) 付加疑問文にする。

実戦問題

解答・解説は別冊 p.3

1 次の各文を疑問文に書きかえなさい。
(1) She sleeps well every night.
(2) The boy wanted a model plane.
(3) It's raining hard.
(4) There is a big building in front of the station.
(5) He has been reading since morning.

2 次の各文を not を用いた否定文に書きかえなさい。
(1) The house has a large garden.
(2) I heard a bell ring in the distance.
(3) The girl is writing a letter in her room.
(4) She will come here in time.
(5) Our farm in Japan looks like an American one.

3 次の各文を,命令文か感嘆文の適切なほうに書きかえなさい。
(1) You have a very good idea.
(2) It's a beautiful sunrise.
(3) You must run faster.
(4) He was very glad when he won the game.
(5) You must not be afraid of making mistakes.

4 次の各文の空所に適当な1語を入れなさい。
(1) (　　　) wide that river is!
(2) (　　　) do you like better, tea or coffee?
(3) Don't (　　　) noisy in the hospital.
(4) Mr. Jones has not been to Paris, (　　　) he?
(5) Susie will invite me to her birthday party, (　　　) she?

5 次の各文の誤りを訂正しなさい。
(1) I did not went to church yesterday.
(2) She doesn't likes fruit so much.
(3) She had a cup of milk, did she?
(4) Who does get up the earliest in his family?
(5) Please not to speak so fast.

6 次の日本文の意味を表すように，( )内の語を並べかえなさい。
(1) 彼は川へよく釣りに行ったのですよね。
(didn't, fishing, he, he, in, often, river, the, went)?
(2) この島には，なんとたくさんの鳥がいるのだろう。
(birds, of, are, what, island, a, on, there, this, lot)!
(3) 金持ちが貧乏人よりいつも幸福だとは限らない。
(always, are, happier, not, poor, rich, than, the, the).
(4) とても暑かったので，私はのどがかわきました。
(felt, hot, I, it, so, thirsty, very, was).

7 次の日本文を英訳しなさい。
(1) 私たちは地上のすべてのことを知ることができるわけではない。
(2) あなたはなんと早起きなのでしょう。
(3) 彼女はなんと注意深く話すのだろう。
(4) どうぞお名前をおっしゃってください。
(5) 彼は授業にきちんと(regularly)出てはいないのですね。

ヒント (1)「地上の」は on earth。 (2)「起きる」は rise。 (5)「授業に出る」は attend class。

大学入試レベルにチャレンジ

解答・解説は別冊 p.4

1 次の英文の( )内に入る最も適切なものを、1つずつ選びなさい。

(1) You live near us, don't you? Would you like to (　　) our taxi?
① enter　② leave　③ ride　④ share　（センター試験）

(2) (　　) to the department store when I saw you yesterday?
① Are you going　② Were you going
③ Have you been going　④ Have you gone　（東海大）

(3) You don't know his address, (　　)?
① are you　② you do　③ do you　④ you are　（東海大）

(4) Let's go out for dinner, (　　)?
① will we　② don't we　③ are we　④ shall we　（東京国際大）

(5) Mary (　　) her children a story every night before they go to bed.
① expresses　② says　③ speaks　④ tells　（南山大）

(6) On this survey, if there are any questions you do not wish to answer, please (　　) them blank.
① remain　② leave　③ stay　④ make　（南山大）

(7) I've heard it (　　) that we are not saving as much electricity as we should.
① said　② say　③ saying　④ to say　（立教大）

(8) I had the taxi driver (　　) us to the nearest hospital right away.
① take　② taken　③ took　④ was taken　（立命館大）

(9) Researchers recently described (　　) the emission of carbon dioxide affects the environment.
① which　② when　③ what　④ how　（上智大）

(10) How (　　) will the concert begin? I'd like to get something to drink.
① fast　② long　③ rapidly　④ soon　（センター試験）

(11) You should not let your personal emotions (　　) in the way of making that important decision.
① stand　② standing　③ to be stood　④ to stand　（センター試験）

(12) Let's (　　) anywhere tonight. There's a good movie on television.
① not go to　② don't go to　③ not go　④ not to go　（センター試験）

2 次の日本語に合うように，（ ）内の語句を並べかえて英文を完成させなさい。

(1) ごめんなさい，今は急な仕事で手一杯です。

I am sorry, but I (full, work, have, hands, with, my, urgent) right now.
（東京経大）

(2) 今晩，海岸を散歩してみませんか。

What (a, by, do, say, seaside, taking, the, to, you, walk) this evening?
（青山学院大）

(3) 騒音がひどいだろうから，私の声が聞こえないのではないかと思う。

There will be so much noise that I'm afraid (won't, heard, I, myself, able, be, make, to).
（龍谷大）

(4) もし何か心配事があれば，遠慮なく私に電話してください。

Please (don't, call, have, you, if, me, hesitate, to) any concerns.
（龍谷大）

3 次の文中の＿＿部に与えられた語句を並べかえて文を完成するとき，A，B に入れるのに適当なものを選び，番号で答えなさい。
（センター試験）

(1) You are waiting for the 10:05 bus. It is 10:40 now. You are very angry and say:

"Oh, ＿＿ ＿＿ A ＿＿ B ＿＿ ＿＿ ?"

① time ② why ③ never ④ this ⑤ on ⑥ is ⑦ bus

(2) Oh no, I left my purse at home! Is there ＿＿ A ＿＿ B ＿＿ some money until tomorrow?

① of ② any chance ③ you ④ me ⑤ lending

(3) A: ＿＿ A ＿＿ B ＿＿ for your vacation?
I thought you weren't sure.
B: I decided yesterday.

① decide ② did ③ going ④ when ⑤ where ⑥ you ⑦ you're

第3章 基本時制と進行形

1 現在時制の用法
1. 現在の動作・状態： Here **comes** the teacher.（ほら，先生がいらっしゃった）
2. 習慣・反復動作： I **take** a walk before supper.（私は夕食前に散歩をする）
3. 不変の真理・事実： The earth **moves** around the sun.（地球は太陽の周りを回る）
4. 近い未来： We **leave** for Paris tomorrow.（私たちはあすパリに出発する）
5. 時・条件を表す副詞節中の未来代用：
   Write to me *when* you **arrive** there.（着いたら手紙をくれ）

2 進行形の用法
1. 進行中の動作： I **am watching** television.（私はテレビを見ている）
2. 近い未来の予定： The ship **is arriving** here tonight.（船は今夜ここに着く）
3. 反復動作の強調： She **is** always **singing**.（彼女はいつも歌っている）

3 過去時制の用法
1. 過去の動作・状態： I **liked** jazz when I was young.
   （私は若いときはジャズが好きだった）
2. 過去完了の代用： The bus **left** before I arrived.
   （私が着く前にバスは出ていた）

4 単純未来の用法
- I **will** be sixteen next year.（私は来年16歳になります）
- **Will** you get there by five?（5時までにそこへ着きますか？）

5 意志未来の用法
1. 話し手の意志： I **will** try my best.（私は最善を尽くします）
2. 主語の意志： I'll be happy if you **will** come.（あなたが来てくれるならうれしい）
   He **will** have his own way.（彼は自分の思いどおりにしようとする）
3. 相手の意向をたずねる：
   - **Shall I** open the window?（窓をあけましょうか？）
   - **Will you** open the window?（窓をあけてくれませんか？）

6 未来表現のいろいろ
1. be going to ～： It **is going to** rain.（雨が降りそうだ）
   I'm **going to** play baseball.（私は野球をするつもりだ）
2. be about to ～： The sun **is about to** set.（太陽が沈むところだ）

基本問題

解答・解説は別冊 p.4

1 次の各文の（ ）内から正しいものを1つ選びなさい。 ➡ 1 2 3 4 5

よく出る! (1) Our school (stand, stands, is standing) on a hill.
よく出る! (2) If the weather (is, was, will be) fine tomorrow, we will go on a picnic.
(3) Here (comes, came, has come) the bus.
(4) Last winter I (go, went, have gone) to the village with my family.
(5) We waited at the station until she (comes, came, would come).
(6) I hope you (get, will get, shall get) well soon.
(7) (Do, Will, Shall) I mail the letter for you?
(8) What (do, are, have) you doing in such a dark room?
(9) He (speaks, is speaking) English, but now he (speaks, is speaking) French.
ハイレベル (10) When I return home, my wife (cooks, is cooking, will be cooking).

ヒント (1) 日本語訳は「建っている」となるが、これにまどわされないこと。 (2) If 節は条件を表す副詞節。 (3)「ほら、バスが来たよ」 (4) 過去を表す Last winter に着目。 (5)「来るまで待った」にあたる部分。 (7) 話し相手の意向をたずねている。 (10) 未来のある時点での進行中の動作を表している。

2 次の各文の誤りを訂正しなさい。 ➡ 2 3 4

よく出る! (1) We have finished lunch an hour ago.
よく出る! (2) Let's start as soon as she will arrive here.
(3) I don't know when he comes again.
よく出る! (4) I am belonging to the tennis team.
(5) My brother is going to school by bicycle every day.

ヒント (1) an hour ago は過去のある時点を表す副詞句。 (2)「彼女が到着したらすぐ出発しよう」 (3) when he comes again は名詞節か副詞節かを考える。 (4)「私はテニスチームに所属している」

3 次の各文の（ ）内の動詞を必要なら適当な形に変えなさい。

(1) We (be) going to sleep when our father came home. ➡ 1 2 4 6
(2) The light went out while I (have) dinner.
(3) Buy your tickets as soon as you (reach) the station.
(4) I wonder whether the girl (come) before dark.
ハイレベル (5) You (forget) something all the time.

ヒント (1) be going to ～は「～しようとしている」。 (2)「食事中に明かりが消えた」 (3)「時」を表す副詞節。 (4)「暗くなる前に来るのかしら」 (5)「いつも何かを忘れている」

4 次の各組の文を用法の違いに注意して和訳しなさい。

(1) { (ア) Tell me when the doctor arrives.
　　 (イ) Tell me when the doctor will arrive.

(2) { (ア) Where did you come from?
　　 (イ) Where do you come from?

ヒント　(1) (ア)の when ～は副詞節で,(イ)の when ～は名詞節という違いがある。
　　　 (2) 現在時制の訳し方に注意。

5 次の各文の空所に shall か will を入れなさい。

(1) He (　　) be pleased to hear the news.
(2) "(　　) we go to the stadium this afternoon?" "Yes, let's."
(3) A bear (　　) not touch a dead body.
(4) What (　　) I say if he (　　) come here?

ヒント　(2)「きょうの午後スタジアムに行きましょうか?」「そうしましょう」
　　　 (3) クマの習性を述べている。

6 次の各文の下線部の現在時制が何を表す用法かを答えなさい。

(1) My cousin arrives here at five this evening.
(2) He often comes to my office.
(3) The earth moves around the sun.
(4) Tell him about the accident when he returns home.
(5) She looks like her mother.

ヒント　現在時制は現在の動作・状態を表すだけとは限らない。ほかにも,①現在の習慣・反復動作,②不変の真理・事実,③近い未来,④副詞節中での未来代用などを表す。

7 次の各文を英訳しなさい。指示がある場合はその指示に従いなさい。

(1) 私がけさ目を覚ましたとき,雨が降っていました。
(2) 「あすの午後はおひまですか?」「はい,まったくひまです」(will を使って)
(3) もしあすの朝雨が降れば,彼女は来ないと思います。
(4) 彼はいつも何かに対して不平をいってばかりいる。

ヒント　(1)「目を覚ます」wake　(2)「ひまである」be free　(3) if 節中の時制に注意しよう。
　　　 (4)「～について不平をいう」complain about ～

応用問題

解答・解説は別冊 p.5

1 次の各文の（ ）内から正しいものを1つ選びなさい。

(1) I (are watching, was watching) television when she came to my house.
(2) She usually (has, is having) ham and eggs for breakfast.
(3) Let me know at once if you (find, will find) my lost camera.
(4) What time (does, did, has) the bus leave tomorrow?
(5) (Will, Shall, Do) you show me the way?

> ヒント (1) 彼女が来たときに私が何をしていたかという動作を述べている。 (2) usually が決め手。 (3) 未来のことをいっているが,副詞節であることに注意。 (5) 相手の意志をたずねる。

2 次の各文の誤りを訂正しなさい。

(1) She told me that she will come the next morning.
(2) I'll call you when I will be ready.
(3) We waited until she comes back.
(4) I am knowing the boy very well.

> ヒント (1) told が過去時制である点に注意。 (2) when 〜 は名詞節か副詞節か。 (3)「彼女が戻るまで待った」という日本語をそのまま英語に直した文ではあるが…。 (4)「よく知っている」と訳す部分に注意。

3 次の各文の空所に shall か will を入れなさい。

(1) "(　　) you kindly get the book for me?" "Certainly."
(2) How old (　　) your father be next month?
(3) "Where (　　) we go now?" "Let's stay here."
(4) "(　　) I get your ticket?" "Yes, please."

> ヒント (1)「その本を手に入れてくださいませんか?」 (3)「さて,どこに行きましょうか?」 (4)「あなたの切符を手に入れましょうか?」「はい,お願いします」

4 次の各文を和訳しなさい。

(1) I shut the door several times, but it would not shut.
(2) Students shall not eat or drink in the library.

> ヒント (1)「拒絶」を表す would not。 (2)「規則」を表すときに用いる shall。

第4章 完了形と完了進行形

これだけはおさえよう

1 現在完了の用法

① 継　続：My mother **has been** ill in bed *since* Friday.
　　　　　（母は金曜日からずっと病気で寝ている）

② 経　験：**Have** you *ever* **seen** the film?（きみはその映画を見たことがありますか？）

③ 完了・結果：We **have** *just* **finished** supper.（ちょうど夕食をすませたところです）
　　　　　　　I **have come** to school without my watch.
　　　　　　　（私は時計を持たずに学校へ来てしまった）

2 過去完了の用法

① 継続・経験・完了・結果

　▶ When I *got* up, the sun **had** already **risen**.（私が起きたとき,太陽はもう昇っていた）

② 過去の2つの事柄の前後関係

　▶ I *lost* the pen which you **had given** me.
　　（私はきみがくれたペンをなくした）

3 未来完了の用法

① 継　続：I **will have been** in Japan for a year next Monday.
　　　　　（今度の月曜で私は1年日本にいることになる）

② 経　験：You **will have met** with some difficulties before you are twenty.
　　　　　（きみは20歳になるまでには,いくつかの困難に出会っているだろう）

③ 完了・結果：I **will have written** the letter by the time you arrive.
　　　　　　　（きみが着くまでに,私は手紙を書いてしまっているだろう）

4 完了進行形

現在完了進行形,過去完了進行形,未来完了進行形がある。

▶ I **have been reading** since morning.（私は朝から読書をしている）

▶ She **had been crying** until then.（そのときまで彼女は泣いていた）

▶ She **will have been learning** French for five years next year.
　（来年で彼女は5年間フランス語を学んでいることになる）

5 have been to 〜

①「〜へ行ったことがある」〔経験〕

▶ I **have been to** Hokkaido three times.（私は北海道へ3回行ったことがある）

②「(たった今)〜へ行ってきたところだ」〔完了〕

▶ I **have** *just* **been to** the station.（私はちょうど駅へ行ってきたところだ）

基本問題

解答・解説は別冊 p.6

1 次の各文の（　）内から正しいものを1つ選びなさい。　→ 1 2 3

(1) I have just (finish, finished, finishing) typing the report.
(2) Have you (then, ever, before) seen a ghost?
(3) My mother has been sick (from, since, for) last night.
よく出る! (4) When the bell rang, I (have, had, was) already finished my work.
よく出る! (5) If I read this book again, I (have read, will read, will have read) it three times.

> **ヒント** (1)「〜し終わったところだ」の意味の動作の完了を表す。 (2)「(今までに)〜したことがある」の意味で「経験」を表す。 (3)「(〜から)ずっと…である」の意味で,「継続」を表している。 (4)「ベルが鳴ったとき」を基準として考える。 (5)「もう1度この本を読むとき」が基準。

2 次の日本文を参考にして，（　）内の語を適当な形に変えて完了形を使った文にしなさい。　→ 1 2 3 4

(1) ここに来て以来, とても忙しい。
　　I (be) so busy since I came here.
(2) 私は前日に買った小説を読んだ。
　　I read the novel which I (buy) the day before.
(3) 私は時計をなくしていることに気づいた。
　　I found that I (lose) my watch.
(4) 来年の3月までには彼は自動車を買っているだろう。
　　He (buy) a car by March next year.
よく出る! (5) 3日間雨が降り続いている。洪水になるだろう。
　　It (rain) for three days. There will be a flood.
よく出る! (6) ジョンソン先生は来年で30年間歴史を教えたことになる。
　　Mr. Johnson (teach) history for 30 years next year.

> **ヒント** (1) since 〜は「継続」につきものの語。 (2) 時間の前後関係を考える。 (3) found が過去だからそれより前かあとか。 (4) by 〜は「期限」を表す語句。

3 次の各文の現在完了の用法を答えなさい。　→ 1

(1) I have known her for a long time.
(2) He has just come back from the post office.
(3) I have seen Mr. White once.
(4) The bird has flown away.

> **ヒント** (1) for a long time が決め手になる副詞句。 (2) just があることから判断する。 (3) once は「1度」の意味。 (4)「飛び立ってしまい,今は見かけることもない」

25

4 次の各文の過去完了の用法を答えなさい。

(1) I had lived in New York for two years when the war broke out.
(2) My brother had already gone to Europe when I was born.
(3) He went to Hawaii last summer. He had never been there before.
(4) He had written the letter by the time the bell rang.

> **ヒント** (1) for ～は「期間」を表す副詞句。 (2) 不在であったことを述べている。 (3)「それまで行ったことがなかった」 (4) by the time ～は「期限」を表す節。

5 次の各文のあとに最も自然に続けることができるものを，下のア～オの中からそれぞれ1つずつ選びなさい。ただし，同じ記号は1度ずつしか選べない。

(1) She has bought a camera
(2) She has been to France
(3) She has lived in New York
(4) She has not read through the book

ア. yet.　　イ. for three years.
ウ. two days ago.　エ. three times.
オ. lately.

> **ヒント** (1) 過去の特定の時を表す語とは結べない。 (2)「経験」を表す現在完了。 (4) 否定文であることに注目。

6 次の各文の（　）内の動詞を必要があれば適当な形に変えなさい。

(1) When the hare awoke, the tortoise (already reach) the goal.
(2) I (read) this novel until you came.
(3) I (work) on my picture for six hours by the time dinner is ready.
(4) That will be too late because he (leave) his house by then.
(5) The dog (not have) any food since this morning.
(6) I could sing the song because I (often hear) it before.
(7) Can I use your eraser? I (make) a mistake and (want) to rub it out.
(8) What (you do) all this while?

> **ヒント** (1) When the hare awoke が過去の基準となる時を示す。 (2)「この小説を読んでいた」 (3) by the time dinner is ready は未来の基準となる時を示す。 (4) 後半は「そのときまでに家を出発してしまっているから」。 (5) since ～に注目する。 (8)「ずっと何をしていたのか？」

7 次の各文の誤りを訂正しなさい。

(1) We lived here for the last ten years.
(2) He has lost his job last month and since then he has been out of work.
(3) When have you climbed the mountain?
(4) I am going up to Tokyo when I will have gone through this examination.
(5) I have bought this watch just now.

ヒント (2) last month は過去を表す語句。 (3) When で始まる疑問文には現在完了は使えない。 (4) go through は「終える」。 (5) just now と just とは使い方が異なるので注意。

8 次の各組の文を，意味の違いがわかるように和訳しなさい。

(1) (ア) He went to the United States five years ago.
　　(イ) He has gone to the United States.
(2) (ア) I have been to Hawaii before.
　　(イ) I have just been to the station to see my uncle off.
(3) (ア) I lost my umbrella.
　　(イ) I have lost my umbrella.
(4) (ア) How long have you been here?
　　(イ) How often have you been here?

ヒント (1)(イ)は「行った」と訳しただけでは違いは訳出できない。 (2) have been to ～の2つの訳し方を思い出す。 (3)(イ)は「なくした」だけではものたりない。 (4) How long は「継続」，How often は「経験」と訳し分ける。

9 次の日本文を英訳しなさい。

(1) 夏が去り，秋が来た。庭の木の葉が紅葉し始めた。
(2) 私はその場所をよく知っていた。というのも，以前に1度そこへ行ったことがあったのだ。
(3) もしあす天気なら，好天が1週間続くことになる。
(4) 君は朝から5時間も本を読んでいる。

ヒント (1)「去る」be over，「紅葉する」turn red　(2)「行ったことがある」という「経験」の表し方がポイント。　(3)「好天」the fine weather，「続く」last

応用問題

解答・解説は別冊 p.6

1 次の各文の（ ）内の動詞を適当な形に変えなさい。 → 1 2 3 4

(1) I (be) ill for a week when you visited me.
(2) The child (sleep) for eight hours by seven o'clock tomorrow morning.
(3) I lost the watch which my uncle (buy) me on my birthday.
(4) We (arrive) at Hiroshima before it gets dark.
(5) I (not see) the girl since last week.
(6) I (read) a book for two hours when you came in.
(7) We (play) handball since noon.

ヒント (1)「病気になって1週間たったときにきみが見舞いに来た」 (2) by seven o'clock tomorrow morning は未来の基準となる時を示すもの。 (4) まだ暗くなっているわけではなく，これからである。 (5)「先週から会っていない」 (7) since 〜は「継続」を表すときの副詞句。

2 次の各文のあとに最も自然に続けることができるものを，右のア〜オの中からそれぞれ1つずつ選びなさい。 → 2 3

(1) I knew the village very well　　　ア．by the time you leave.
(2) She will have been absent　　　イ．because I had been there many times.
(3) She had spent all the money　　　ウ．if I visit Kyoto again.
(4) I will have written the letter　　　エ．before she returned home.
　　　　　　　　　　　　　　　　　オ．for two months tomorrow.

ヒント ア．by the time 〜は「〜するときまでには」。 イ．理由を述べている。 ウ．「もう1度京都を訪れると」 オ．tomorrow は未来の基準となる時を表す。

3 次の各文の誤りを訂正しなさい。 → 1 3 5

(1) "When have you returned home?" "I have come back yesterday."
(2) I have finished the work by the end of this month.
(3) We have been knowing each other for ten years.
(4) My father has gone on a business trip three days ago.
(5) I have come here once or twice before.

ヒント (1)「いつ〜したか」という When で始まる疑問文には現在完了は使えない。また，明確な過去を示す語があることにも注意。 (2) by the end of this month は未来を示す語句。 (3) know は進行形にできない動詞。 (5)「経験」を述べる表現にしなければならない。

4 次の各組の文を，意味の違いがわかるように和訳しなさい。

(1) ｛(ア) I have not seen the circus yet.
　　(イ) I have never seen a living whale.

(2) ｛(ア) He has killed the man.
　　(イ) He has killed a man before.

(3) ｛(ア) She came to my house.
　　(イ) She has come to my house.

(4) ｛(ア) I have not read the paper this morning yet.
　　(イ) I did not read the paper this morning.

ヒント (1)「完了」と「経験」の違いがある。 (2)どちらが「経験」か。 (3)(イ)を「私の家に来た」としたのでは(ア)と変わらない。
(4)いつの時点で述べているのかを考える。

5 次の各組の文がほぼ同じ意味になるように，空所に適当な1語を入れなさい。

(1) ｛My father died six years ago.
　　My father (　　) (　　) (　　) for six years.

(2) ｛Ten years have passed since this church was built.
　　It (　　) ten years since this church was built.

(3) ｛My uncle bought me a dictionary but I lost it.
　　I lost the dictionary which my uncle (　　) (　　) me.

(4) ｛I have never seen such a beautiful picture as this.
　　This is the most beautiful picture that I have (　　) (　　).

ヒント (1) be 動詞を使うことを考える。 (2)「この教会が建てられて10年になる」 (3)過去の事柄の前後関係を表す。
(4)「経験」を表す特有の言い方。

6 次の各文を和訳しなさい。

(1) Scarcely had the ship been out of harbor when the wind began to blow, and since Bill had never been at sea before, he became sick.

(2) My son often forgets what he has been told, but seldom what he has discovered.

(3) We will have had supper and Cathy will have cleared the table by half past seven, so you can do an hour's work before your bedtime.

ヒント (1) scarcely ~ when ...「~するとすぐに…」, harbor「港」, sick「気分が悪い」 (2) seldom「めったに~ない」

実戦問題

解答・解説は別冊 p.7

1 次の各文の( )内から正しいものを1つ選びなさい。
(1) It will not be long before he (gets, is getting, will get) well.
(2) Here (comes, is coming, has come) the train for Osaka.
(3) I (write, wrote, was writing) a letter when Mother knocked on the door.
(4) "(Will, Shall) we start now?" "Yes, let's."
(5) I'll be very glad if you (shows, showed, will show) me the way to the zoo.
(6) He told his mother what he (sees, has seen, had seen) in the town.
(7) Please wait in this room until I (read, have read, will have read) through this letter.

2 次の各文の( )内の動詞を適当な形に変えなさい。
(1) She usually (write) in English, but now she (write) a letter in French.
(2) She (help) her mother cook when I (go) to see her last Sunday.
(3) He (write) a novel for the last five years, but he (not finish) it yet.
(4) By the time you get back I (finish) writing all my letters, and I (can) help you with yours.
(5) He (teach) for twenty years when he was appointed principal of his school.
(6) He (read) seven of Shaw's plays by the end of this year.
(7) They were very late. Beethoven's Ninth Symphony (be played) by the time they reached the concert hall. They were much disappointed to find they (miss) it.

3 次の各組の文を, 意味の違いに注意して和訳しなさい。
(1) ㋐ You are laughing at him.
　　㋑ You are always laughing at him.
(2) ㋐ Where are you going?
　　㋑ When are you going?

4 次の各文の誤りを訂正しなさい。
(1) I will lend you the book when I will have read it.
(2) When she got to the station, she found that he left already.
(3) He was studying English for the past three years.
(4) A week ago I have met a friend of mine whom I had not seen for a long time.
(5) My father was ill in bed for two months when the doctor was sent for.
(6) I saw the accident when I waited for the bus.

5 次の各文を（　）内の指示に従って書きかえなさい。
(1) Did you ever hear the story?
（現在完了を用いて）
(2) She died ten years ago.
（現在完了を用いて）
(3) The baby was born three months ago.
（Three months を主語にして）
(4) She didn't come in until the teachers were seated.
（When she で始まる文に）

6 次の日本文を英訳しなさい。
(1) あなたにお茶をいれてあげましょうか？　さぞ，のどがかわいたでしょう。
(2) 千円貸してくれませんか。来月必ず返します。
(3) すぐ駅に行きなさい。彼らがそこであなたを待っているでしょう。
(4) 「どうもお待たせしてすみません」「どういたしまして，実は私も今来たところです」
(5) 君が日本に帰国するまでには，君の娘さんは結婚しているだろう。
(6) 彼は，窓のそばのテーブルの上に置き忘れた帽子を見つけることはできなかった。

第5章 助動詞

1 can の用法
1. **能　力**：She **can** speak English fluently.（彼女は流ちょうに英語が話せる）
2. **(疑問文で)疑惑**：**Can** the rumor be true?（そのうわさは本当だろうか？）
3. **可能性**：He **cannot** be a doctor.（彼は医者のはずがない）
4. **許　可**：You **can** go home now.（もう帰宅してもよい）

2 must の用法
1. **義　務**：All of us **must** do our best.（全員が最善を尽くさなければならない）
2. **必　要**：I **must** see my aunt at once.（おばにすぐ会わなければならない）
3. **推　量**：She **must** be over fifty.（彼女は50歳を過ぎているにちがいない）

3 may の用法
1. **許　可**：**May** I have your name, please?（お名前をうかがわせてください）
2. **推　量**：He **may** be an honest man.（彼は正直な男かもしれない）

4 could の用法
ていねいな依頼：**Could** you tell me the way?（道を教えていただけませんか？）

5 should の用法
義　務：We **should** obey traffic rules.（交通規則には従うべきである）

6 would の用法
1. **過去の習慣**：He **would** often go fishing.（彼はよく釣りに行ったものだ）
2. **拒　絶**：He **would** *not* eat anything.（彼は何も食べようとしなかった）
3. **ていねいな依頼**：**Would** you give me a hand?（手を貸していただけませんか？）

7 need の用法
(否定文・疑問文で)必要：You **need** not wait for him.（君は彼を待つ必要はない）

8 過去を表す〈助動詞＋ have ＋過去分詞〉
1. **〈cannot have ＋過去分詞〉**：He **cannot have** *been* rich.（彼は金持ちだったはずがない）
2. **〈must have ＋過去分詞〉**：He **must have** *told* a lie.（彼はうそをついたにちがいない）
3. **〈may have ＋過去分詞〉**：It **may have** *snowed*.（雪が降ったのかもしれない）

9 助動詞句のいろいろ
1. **used to ～〈過去の習慣〉**：He **used to** live in Paris.（彼は昔はパリに住んでいた）
2. **have to ～〈必要〉**：I **have to** see the doctor.（私は医者にかからなければならない）
3. **ought to ～〈義務〉**：We **ought to** help the weak.（弱者を助けるべきだ）

基本問題

解答・解説は別冊 p.8

1 次の日本文に合うように空所に適当な助動詞を入れなさい。 ➡ 1 2 3 5

(1) 「その語を綴れますか？」「いいえ，綴れません」
"(　　) you spell the word?" "No, I (　　)."

(2) 「この詩を暗記しなければなりませんか？」「はい，しなければなりません」
"(　　) I memorize this poem?" "Yes, you (　　)."

(3) 「質問してもいいですか？」「ええ，何でしょうか？」
"(　　) I ask you a question?" "Yes, what is it?"

(4) 午後は雨が降るかもしれない。　It (　　) rain this afternoon.

よく出る! (5) 彼女は親切な女性にちがいない。　She (　　) be a kind woman.

ヒント (1) 綴ることができるかどうかを聞いている。(2)「～しなければならない」という「義務」を表している。(3)「～してもいいですか？」という「許可」を求める表現。(4)「～するかもしれない」は「推量」を意味する。(5)「～する〔である〕にちがいない」は断定的な推量。

2 次の各文の空所に適当な助動詞を入れなさい。 ➡ 1 2 3 5 7

よく出る! (1) "Must we go to school today?" "No, you (　　) not."

よく出る! (2) "Can the story be true?" "No, it (　　) be true."

(3) "May I go to the movies, Mother?" "No, you (　　) not."

(4) He has often told lies. He (　　) be an honest man.

(5) You (　　) do your duty at any cost.

(6) We (　　) have some snow tomorrow.

ヒント (1)「～しなければいけませんか？」「いや，～する必要はない」 (2)「その話は本当だろうか？」「いや，本当のはずがない」 (3)「映画に行ってもいいですか，お母さん？」「いいえ，いけません」 (4)「彼はよくうそをついた。正直な男であるはずがない」 (5) at any cost は「いかなる犠牲を払っても」の意味。(6)「あすはいくらか雪が降るかもしれない」

3 次の各文の（　）内から適当な語を選びなさい。 ➡ 5 6 7 9

ハイレベル (1) (Need, Ought, Would) we start so early tomorrow?

(2) (Should, Would) you help me?

(3) You (must, should, ought) to listen to your parents.

(4) My father never (ought, used) to smoke so much.

(5) We (should, would) always obey traffic rules.

ヒント (1)「あす，そんなに早く出発する必要があるのですか？」(2)「助けていただけませんか？」(3)「両親のいうことは聞くべきである」to の存在に注目。(4) 文意から ought to ～ と used to ～ のどちらがふさわしいか。(5)「交通規則には常に従うべきである」

33

4 次の各組の文を, 意味の違いに注意して和訳しなさい。 ➡ **1 2 3 8**

(1) ｛ (ア) He must be a rich man.
　　(イ) He must have been a rich man.

(2) ｛ (ア) She cannot have arrived there by this time.
　　(イ) She may have arrived there by this time.

ヒント (1) must は(ア)(イ)ともに「～であるにちがいない」の意味で使われている。 (2)(ア)の cannot は「～であるはずがない」の意味。(イ)の may は「推量」。

5 次の日本文に合うように, 空所に適当な1語を入れなさい。 ➡ **8 9**

(1) 彼がそんなことをいったはずがない。良識ある人だから。
　　He (　　) have said so. He is a man of good sense.

(2) 私は, あすは10時間働かなければならないだろう。
　　I will (　　) to work for ten hours tomorrow.

(3) 君は医者に見てもらったほうがよい。
　　You (　　) better consult the doctor.

(4) 私はその本を読んだのかもしれないが, ほとんど覚えていない。
　　I may (　　) read the book, but I hardly remember it.

(5) 君はそこへ行きさえすればよい。
　　You have (　　) to go there.

ヒント (1)「～したはずがない」の表現。 (2) 未来の必要を表すときはどうするか。 (3) 忠告・警告の表現。 (4)「～したかもしれない」という過去の推量。 (5)「～しさえすればよい」の表現。

6 次の各文の空所に適当な1語を入れなさい。 ➡ **1 2 3 5 7 8**

(1) He looks rather pale. He (　　) be very tired.
(2) I am afraid I (　　) have left my purse at home.
(3) She cannot (　　) said so, for she knew nothing about it.
(4) He (　　) at least have come to say good-bye.
(5) "Must I go at once, Father?" "No, you (　　) not. You (　　) go anytime you please."

ヒント (1)「かなり顔色が悪いところを見ると, 彼はとても疲れているにちがいない」 (2)「財布を家に置いてきたのかもしれない」 (4)「少なくとも別れを告げるために来るべきだったのに」

応用問題

解答・解説は別冊 p.9

1 次の各文の( )内から適当な語を選びなさい。

(1) (Can, May, Must) it be true that she won first prize?
(2) (Should, Could) you lend me some money?
(3) She (cannot, mustn't) have made such a mistake.
(4) Nobody knows what (may, must, ought) happen tomorrow.
(5) Mother (ought, used) to dance when she was young.

> **ヒント** (1)「彼女が優勝したなんて,いったい本当だろうか?」 (2) ていねいな依頼と考える。 (5) どちらも to と結びつく助動詞ではあるが…。

2 次の各文の誤りを訂正しなさい。

(1) You will can speak English better by next year.
(2) "Must I send for the doctor?" "No, you must not."
(3) You must not be honest to do such a thing.
(4) He may reached there by this time.
(5) Such a thing ought not be done again.

> **ヒント** (1) will と can を並べて使うことはできない。 (2) must not は「～してはいけない」。

3 次の日本文を助動詞を使って英訳しなさい。

(1) 君はこのことについて聞いたにちがいない。
(2) 奈良では大仏を見逃してはいけません。
(3) 彼は若いころ,徹夜したことがたびたびあった。
(4) 以前,私の家の庭に古いカシの木があった。
(5) この窓はどうしてもあかなかった。

> **ヒント** (2)「大仏」the Great Buddha,「見逃す」miss (3)「徹夜する」sit up all night (4)「カシの木」oak (5)「拒絶」を表す助動詞を使う。

4 次の各文を和訳しなさい。

(1) The first thing that a student should bear in mind is that a book ought not to be read for mere amusement.
(2) We need not be ashamed if others know more than we do, but we ought to be ashamed if we have not learned all we can.

> **ヒント** (1) bear in mind「心に留める」, mere amusement「単なる娯楽」 (2) be ashamed「恥ずかしく思う」

35

大学入試レベルにチャレンジ

解答・解説は別冊 p.9

1 次の英文の（　）内に入る最も適切なものを，1つずつ選びなさい。

(1) Since you have been trying really hard, the time may come in the near future when you (　　) a manager.
　① became　　② will become
　③ have become　　④ are becoming　　　　　　　　　　（杏林大）

(2) Unfortunately, I remembered nothing of what he (　　) me in our first meeting.
　① tells　　② telling　　③ would tell　　④ had told　　（青山学院大）

(3) I (　　) her this morning, but I forgot.
　① should phone　　② should have phoned
　③ will phone　　④ will have phoned　　　　　　　　　（関西学院大）

(4) She (　　) to church regularly, but now she never goes.
　① was used to go　　② used to go
　③ used to going　　④ is used to go　　　　　　　　　　（法政大）

(5) A : Did Sam remember to go to the supermarket?
　B : (　　) The refrigerator's full of food.
　① He must have.　　② He should have.
　③ He won't have.　　④ He wouldn't have.　　　　　　　（学習院大）

(6) Barbara started to run faster and (　　) up with him a few minutes later.
　① can catch　　② can have caught
　③ could catch　　④ was able to catch　　　　　　　　　（慶應大）

(7) A : I don't see Tom. I wonder why he's late.
　B : Well, he (　　) his train, or maybe he overslept.
　① might have missed　　② might miss
　③ should have missed　　④ should miss　　　　　　（センター試験）

(8) A : Did you know that Albert Einstein, the famous physicist, (　　) meat?
　B : Yes, if my memory serves, he became a strict vegetarian one year before he died.
　① hadn't stopped eating　　② has been stopped from eating
　③ has stopped eating　　④ stopped eating　　　　（センター試験）

2 次の( )内の語句を並べかえて英文を完成させなさい。ただし, 1, 2は日本語に合う英文にしなさい。

(1) これらすべての商品のお支払いはお済みですか？
(paid, these, have, all, goods, been)? 〈西南学院大〉

(2) その本が出版されてから,この間接的な手法は人気になった。
Since the book was published, (approach, has, indirect, much, popularity, this, won). 〈立命館大〉

3 次の文中の___部に与えられた語句を並べかえて文を完成するとき, A , B に入れるのに適当なものを選び,番号で答えなさい。 〈センター試験〉

(1) When he was tired, my brother used ___ A ___ B ___ in his room.
① on ② with ③ fall asleep ④ the light ⑤ to

(2) Do you remember where the bicycle shop was? Something ___ A ___ B ___ I bought at the sale.
① gone ② has ③ the bicycle ④ with ⑤ wrong

4 次の各文で,下線部から間違っている箇所を1つずつ選びなさい。

(1) Dick and Diana ① have been able to swim very well ② since they were young. That's why they were able to rescue some primary school children when a boat ③ has been overturned by ④ a big wave last summer. 〈京都外語大〉

(2) ① Since graduating ② from high school, I ③ didn't have many chances ④ to go skiing. 〈東海大〉

(3) Gregory expressed how ① grateful he was for ② the efforts his friends ③ had been made ④ to make his stay comfortable. 〈南山大〉

(4) ① Having heard of the ② reputation of the Museum of Fine Arts in Boston, I ③ have made an effort ④ to visit it last summer. 〈立命館大〉

第6章 受動態

1 受動態の作り方
- Jack washed the car.（ジャックは車を洗った）
- The car **was washed** by Jack.（車はジャックによって洗われた）

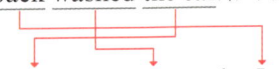

2 いろいろな文の受動態

① 目的語が2つある場合
- The sun gives **us heat and light**.（太陽は私たちに熱と光を与える）
  - → **We** *are given* heat and light by the sun.
  - → **Heat and light** *are given* us by the sun.

② 目的(格)補語がある場合
- My words made her **angry**. → She was *made* **angry** by my words.

③ 群動詞の場合
- All the boys **laughed at** me. → I *was* **laughed at** by all the boys.

④ 助動詞がある場合
- Children **must** not drink beer. → Beer **must** not *be drunk* by children.

3 受動態で行為者を表さない場合

① 主語がばく然と「人」をさす場合
- *They* speak English in Canada. → English is spoken in Canada.

② 行為者を表す必要がない場合
- That building *was rebuilt* two years ago.（あの建物は2年前に再建された）

4 知覚動詞・使役動詞の受動態…原形不定詞が to 不定詞になる。
- We *heard* the girl **speak** French. → The girl *was heard* **to speak** French.

5 動作の受動態・状態の受動態
- The door **was shut** when I passed by, but I don't know when it **was shut**.
  （私が通り過ぎたときドアは閉まっていたが，いつ閉められたかはわからない）

6 by 以外の前置詞を用いる場合
- Snow *covered* the ground. → The ground *was covered* **with** snow.
- Everybody *knows* her name. → Her name *is known* **to** everybody.

7 日本語では受動態でないのに英語では受動態になる場合
- Kate **was surprised** at the news.（ケイトはその知らせに驚いた）

基本問題

解答・解説は別冊 p.9

1 次の日本文の意味になるように、空所に適当な1語を入れなさい。

(1) 私は宿題を先生に直してもらった。
My homework (　　) corrected (　　) our teacher.

(2) 彼女は生徒会の会長に選ばれるだろう。
She will (　　) (　　) president of the student council.

(3) うちの犬はもう少しで車にひかれるところだった。
Our dog was nearly (　　) (　　) by a car.

ハイレベル (4) その犬には薬が与えられ、大事に介抱された。
The dog was (　　) some medicine and was carefully looked (　　).

(5) この本は50年前に最初に出版され、今日でも広く読まれている。
This book (　　) first published fifty years ago, and it (　　) still widely read today.

ヒント (2)「選ぶ」elect　(3)「(車で)～をひく」は run over ～を使う。run は不規則動詞。

2 各文の（ ）内から正しいものを選び、英文を完成しなさい。

(1) Stars (is, are, be) seen at night.
(2) The boy is (love, loves, loved) by the neighbors.
よく出る! (3) I (surprised, was surprised, have surprised) at the news.
よく出る! (4) I was spoken (at, by, to, with) by an American this morning.
よく出る! (5) Her family are not at all disappointed (at, by, in, on) her failure.

ヒント (1),(2)は受動態の基本形。(3) surprise は他動詞で「驚かせる」の意味。(4)「話しかける」はどう表現するか。
(5) disappoint「失望させる」　受動態を作るときの前置詞に注意。

3 下線部を主語にして各文を書きかえなさい。

(1) The farmers in the field saw <u>a big plane</u> flying.
(2) People think of <u>the boy</u> as a genius.
(3) We must look into <u>the matter</u> at once.
(4) A little girl showed <u>them</u> the way to the building.
(5) People speak <u>English</u> in many countries.
(6) Did Captain Cook discover <u>Oahu</u>? ── Yes, he did.

ヒント (2) genius「天才」　(3) look into ～「～を調査する」　(4) show は目的語を2つとる他動詞。(6) Captain Cook
「キャプテン・クック(探検家の名)」、Oahu「(ハワイの)オアフ島」

4 次の各組の文がほぼ同じ意味になるように，空所に適語を入れなさい。

(1) {Everybody loves the pretty girl.
　　The pretty girl is loved (　　) everybody.

(2) {My father painted the wall white.
　　The wall (　　) painted white by my father.

(3) {We must always obey traffic rules.
　　Traffic rules must always (　　) (　　).

(4) {Who invented the telephone?
　　By (　　) was the telephone invented?

(5) {We sent for the doctor at once.
　　The doctor was (　　) (　　) at once.

ヒント　(3) 助動詞がある場合は助動詞のあとが〈be＋過去分詞〉になる。(4) 前置詞の目的語になる語は目的格。(5) send for 〜は「〜を呼びにやる」の意味。

5 次の語を並べかえて，意味の通る英文にしなさい。

(1) (be, clean, kept, must, teeth, your).
(2) (coffee, drunk, is, sugar, with).
(3) (covered, his, mud, shoes, were, with).
(4) (beautifully, heard, she, sing, song, to, was, a).
(5) (by, is, pound, sold, sugar, the)?

ヒント　(1) keep は「〜を…にしておく」の意味。(3) by を用いない受動態を作る。(4) 知覚動詞 hear の受動態の文。(5) pound「(重さの単位としての)ポンド」

6 次の(1)〜(4)は受動態の文に，(5)〜(7)は能動態の文にしなさい。

(1) This is a good idea, but we cannot carry it out in practice.（下線部のみ）
(2) I made the students copy the paragraph.
(3) The film interested us greatly.
(4) What do you call this fruit in English?
(5) An interesting story was told us by my aunt.
(6) Many books have been written by Soseki.
(7) The rule is often broken by the people in town.

ヒント　(1) carry out「実行する」, in practice「実際には」(2)「生徒たちにそのパラグラフを書き写させた」make は使役動詞。(3) interest は「興味を起こさせる」の意味の他動詞。(4) this fruit を主語にする。(6) 現在完了形であることに注意。

応用問題

1 次の各文を，態を変えて書きかえなさい。

(1) Someone always leaves this door open.
(2) The fire has destroyed about fifty houses.
ハイレベル (3) Who wrote *Gone with the Wind*?
(4) We cannot put up with your conduct.
(5) Some students are greatly interested in the history of modern jazz.
ハイレベル (6) He was never seen to smile again after his father's death.

> ヒント (2)現在完了形であることに注意。 (4) put up with ~「~をがまんする」 (6)知覚動詞の受動態の文。

2 次の各文に誤りがあれば訂正しなさい。

よく出る! (1) The parents were surprised with the news of their son's success.
(2) The girl is often seen play in the field.
よく出る! (3) I was laughed by all my neighbors.
(4) When did your school founded?

> ヒント (1) be surprised に続く前置詞は何か？ (2) is seen は知覚動詞の受動態の形。 (3)「~を笑う」には前置詞が必要。
> (4) found「創設する」

3 次の日本文を受動態を用いて英訳しなさい。

よく出る! (1) その孤児は村人の世話を受けた。
ハイレベル (2) 私は東京で生まれ，11歳まで東京で育てられました。
(3) あなたはこの結果に満足していますか？
よく出る! (4) 私は無理やりそこへ行かされた。

> ヒント (1)「孤児」orphan，「村人」villager (2)「生まれる」は受動態の表現。「育てる」は bring up。 (3)「満足させる」
> satisfy (4)「無理やりに」against one's will

第7章 不定詞

これだけは
おさえよう

1 名詞用法

1. 主語として： **To know** oneself is difficult.（自分を知ることは難しい）
2. 目的語として： Everyone wants **to be** happy.（誰もが幸せになりたがる）
3. 補語として： My dream is **to be** a doctor.（私の夢は医者になることだ）
4. 〈疑問詞＋不定詞〉： I don't know **what to do**.（私は何をすべきかわからない）

2 形容詞用法

1. 名詞・代名詞を修飾： I have nothing **to do** today.（私はきょうは何もすることがない）
2. 補語として： The gentleman seems **to be** a doctor.（その紳士は医者らしい）

3 副詞用法

1. 目的： She hurried **to catch** the train.（彼女は電車に乗れるように急いだ）
2. 原因： I am very glad **to see** you.（あなたに会えてとてもうれしい）
3. 理由： How foolish he is **to do** that!（そんなことをするとは彼はなんて愚かなのだ）
4. 結果： He grew up **to be** a great musician.（彼は成長して偉大な音楽家になった）
5. 条件： You will do well **to speak** carefully.（注意して口をきくといいんだが）

4 独立用法

- **To tell the truth**, I am not happy.（実をいえば、私は幸せではない）
- **To be frank with you**, I have no money.（率直にいうと、私にはお金がない）

5 不定詞の意味上の主語

1. **for ～**： This tea is too hot **for** *me* **to drink**.（このお茶は熱すぎて私には飲めない）
2. **of ～**： It is kind **of** *you* **to say** so.（そういってくれるとは親切なことです）

6 不定詞を含む重要構文

1. **too ... to ～**： He is **too** poor **to** buy a car.（彼は貧しすぎて車が買えない）
2. **enough to ～**： He is old **enough to** marry.（彼は結婚できる年齢だ）
3. **so ... as to ～**： He was **so** kind **as to** help me.（彼は親切にも私を助けてくれた）
4. 形式主語： *It* is a good habit **to get** up early.（早起きはよい習慣である）
5. 形式目的語： I found *it* impossible **to master** English in a year.
   （私は、1年で英語に熟達するのは不可能なことがわかった）

7 原形不定詞…〈知覚動詞〔使役動詞〕＋O＋原形不定詞〉の形で用いられる。

- I *saw* them **play** soccer.（私は彼らがサッカーをするのを見た）
- He *made* me **go** there.（彼は私をそこへ行かせた）

基本問題

解答・解説は別冊 p.11

1 各文の空所に日本文の意味を表すように適語を入れなさい。

(1) 私はアメリカの歴史に関する別の本を読んでみたい。
I want ( ) ( ) another book on American history.

(2) そのうわさは本当らしい。
The rumor ( ) to ( ) true.

(3) 彼女はフランス文学研究のためにパリに行った。
She went to Paris in ( ) to study French literature.

(4) 私はこの本を通読するのは難しいことだとわかった。
I found ( ) difficult to read this book through.

(5) 両親は息子を大学に通わせるために十分なお金を貯めた。
The parents saved enough money ( ) their son ( ) attend college.

ヒント (1) want の目的語をどう表すか? (2)「～らしい」を不定詞を使って表すと? (3)「～するために」と,目的を強調する表現は何か? (4) find は〈目的語＋補語〉を続けられる動詞だが,直後に何を置くか? (5) 不定詞の意味上の主語の表し方は?

2 次の各文の下線部に注意して全文を和訳しなさい。

(1) Please tell me when to start.
(2) He promised not to come here again.
(3) To tell the truth, I don't like mathematics.
(4) We heard the bird sing in the cage.
(5) I found it easy to answer the question.

ヒント (1)〈疑問詞＋不定詞〉が tell の直接目的語になっている。 (2) 不定詞の直前にある not は何を否定しているのか? (3) 独立用法の不定詞を副詞節のように訳してみよう。 (5) it が何をさしているかを考えよう。

3 次の各文の( )内から適当なものを選びなさい。

(1) To (speak, speaks, speaking) English fluently is difficult.
(2) Strange to (be, do, say), the dead tree bloomed.
(3) It was foolish (in, of, for) me to believe the rumor.
(4) Most of them were (to, too, so) busy to leave the room.
(5) He made the boy (to go, go, went) out after dark.

ヒント (1) 不定詞の基本に関するもの。 (2)「おかしなことに」の意味の独立用法の不定詞。 (3) 不定詞の意味上の主語を表す前置詞の使い分け方。 (5) 使役動詞 make のあとの不定詞は?

4 次の日本文に合うように，（　）内の語を並べかえなさい。

(1) 私は飲み水がほしい。
(drink, I, some, to, want, water).

(2) そんなことをするなんて，彼は愚か者にちがいない。
(a, a, be, do, fool, he, must, such, thing, to).

(3) 彼は大きくなってりっぱな科学者になった。
(a, be, fine, grew, he, scientist, to, up).

(4) 日本全国を旅することは，子どものころからの私の夢だった。
(all, been, childhood, dream, has, Japan, my, my, over, since, to, travel).

(5) これらの書物は子どもが読むには必ずしも適切ではない。
(always, are, books, children, for, not, read, suitable, these, to).

ヒント (1)「飲み水」を不定詞を使って表す。 (2)「〜するなんて」に不定詞を使う。 (3)「結果」の不定詞を使ってみよう。 (4)「日本全国を旅すること」が主語。 (5)「子ども」が「読む」の主語にあたるが，これをどう表現するかが問題。

5 次の各文の誤りを訂正しなさい。

(1) The city is not a good place to live in it.
(2) It is important of us to know the rules of the game.
(3) You are enough old to help your father at home.
(4) Do you know to make ice cream?

ヒント (1) 文尾の it は the city をさしていると思えるが，これでよいか。 (2) 不定詞の意味上の主語の表し方を思い出してみよう。 (3) enough to 〜の使い方はこれでよいか。 (4) to make ice cream は名詞用法であるが，これでよいか。

6 次の日本文の意味を表すように，空所を補って英文を完成しなさい。

(1) のどがかわいています。何か冷たい飲み物をください。
I am thirsty. Can I have _____.

(2) 外国人が日本語を学ぶのは難しい。
It is difficult _____.

(3) そのよいニュースを聞いて私はたいへんうれしい。
I am very glad _____.

(4) 彼は私の意思に反してその書類に署名させた。
_____ against my will.

ヒント (1)「何か冷たい飲み物」を不定詞を使って表す。 (2) 不定詞の意味上の主語の表し方。 (4) 原形不定詞を用いるのがポイント。

応用問題

解答・解説は別冊 p.12

1 次の各文の誤りを訂正しなさい。

よく出る！ (1) I have no friend to talk.
(2) You must remember when go out.
(3) It is necessary of you to come to the office.
よく出る！ (4) I saw the girls to go on a picnic.
ハイレベル (5) The teacher would not allow for me to enter the room.

ヒント (1) 不足語を考えてみよう。 (2)「いつ出かけるべきか」の表し方。 (3) 不定詞の意味上の主語をどう表すか。 (4) saw は知覚動詞。 (5) 不要な語を見つける。

2 次の各文を不定詞を用いて書きかえなさい。

(1) My parents promised that they would help me.
(2) I find it quite natural that they should hate each other.
(3) It seems that the boys are delighted with the news.
(4) The question is so difficult that nobody can solve it.
ハイレベル (5) They were standing so close that we could overhear their conversation.

ヒント (2) 形式目的語 it をそのまま残すことに注意。
(4) 不定詞を含む慣用構文を用いる。
(5) overhear の主語としての we の処理に注意。

3 次の日本文を英訳しなさい。

(1) おじは私に車の運転の仕方を教えてくれた。
ハイレベル (2) 金持ちになりたいとか有名になりたいという欲をもたない人もいる。
(3) 彼女は親切にも私にその小説を貸してくれた。

ヒント (1)「運転の仕方」は「どのように運転するか」といいかえても同じ。 (2)「欲」desire

第8章 動名詞

1 動名詞の働き

① 主語：**Getting** up early is good for your health.（早起きは健康によい）

② 動詞の目的語：I like **playing** with children.（私は子どもと遊ぶのが好きだ）

③ 補語：My hobby is **collecting** stamps.（私の趣味は切手集めだ）

④ 前置詞の目的語：I am fond of **listening** to music.（私は音楽を聞くのが好きだ）

2 動名詞の意味上の主語

① 所有格：He insisted on **my** *paying* the money.（彼は私に金を払えといい張った）

② 目的格：My mother does not like **me** *going* to such a place.
（母は私がそんな所へ行くことを好まない）

③ そのままの形：We are glad of **the war** *being* over.（戦争が終わってうれしい）

3 完了形の動名詞

- He regrets **having sold** his house.（彼は家を売ったことを後悔している）
- He regretted **having sold** his house.（彼は家を売ってしまったことを後悔した）

4 動名詞を含む慣用表現

① cannot help 〜ing「〜せざるをえない」
- I **cannot help smiling** at the sight.（その光景に微笑せざるをえない）

② There is no 〜ing「〜することは不可能である」
- **There is no knowing** what may happen.（何が起こるかわからない）

③ It is no use 〜ing「〜してもむだだ」
- **It is no use trying** to persuade him.（彼を説得しようとしてもむだだ）

④ on 〜ing「〜するとすぐに」
- **On hearing** the news, she began to cry.（知らせを聞くとすぐに彼女は泣きだした）

⑤ feel like 〜ing「〜したい気がする」
- I don't **feel like drinking** coffee.（私はコーヒーを飲みたくない）

5 動名詞と不定詞とで意味の異なる動詞

- { I remember **seeing** him somewhere.（彼にどこかで会った覚えがある）〈過去〉
  I remember **to see** him this evening.（彼に今晩会うことを覚えている）〈未来〉

- { I forget **to send** him an email.（彼にメールを送るのを忘れた）
  I forget **sending** him an email.（彼にメールを送ったことを忘れた）

基本問題

解答・解説は別冊 p.12

1 次の日本文の意味に合うように，( )内の語を並べかえて英文を作りなさい。ただし動詞は必要があれば形を変えて使うこと。

(1) 少女はその川を泳いで渡るのに成功した。
(across, girl, in, river, succeed, swim, the, the).

(2) 寝る前に歯をみがきなさい。(bed, before, clean, go, teeth, to, your).

(3) 質問に答えるには多くの知識が必要である。
(a, answer, knowledge, lot, of, questions, require).

(4) その老人はひと言もいわないで部屋を去った。
(a, leave, man, old, room, say, single, the, the, without, word).

(5) スーザンはこの前の週末，友だちとのキャンプを楽しんだ。
(camp, enjoy, friends, her, last, Susan, weekend, with).

ヒント　(1)「～に成功する」succeed in ～　(2) 前置詞のあとに動詞を入れる場合には～ing 形にする。　(3) 述語動詞は require だが，主語をどうするか。　(4)「ひと言もいわないで」の部分に動名詞を用いる。

2 次の各2文を動名詞を用いて1文にしなさい。

(1) My cousin swims in the river. He likes it.
(2) I was late. I was scolded for it.
(3) We watch television. We learn much from it.
(4) You may go alone. I have no objection.
(5) Bob is a member of the Boy Scouts. His mother is proud of it.

ヒント　(1)(2)(3)では it が何をさすかを考えて1文にまとめればよい。ただし，(1)では He が誰をさすかにも気をつけよう。　(4) 動名詞の主語をどうするか。

3 次の各組の文を，意味の違いがわかるように和訳しなさい。

(1) (ア) She suddenly stopped talking with the children.
　　(イ) She suddenly stopped to talk with the children.

(2) (ア) I remember posting the letter on my way to school.
　　(イ) Please remember to post the letter on your way to school.

(3) (ア) He is not ashamed of being poor.
　　(イ) He is not ashamed of his father being poor.

ヒント　(1) stop ～ing は「～することをやめる」であるが，stop to ～における to 不定詞は stop した「目的」を表す。
(2) remember ～ing は「過去」を，remember to ～ は「未来」を意味する。

47

4 次の日本文の意味に合うように、空所に適当な1語を入れなさい。

(1) 彼女は読書をする時間がないとよく不平をいう。
She often complains of (　　　) (　　　) time to read.

(2) 君がそんなことをいうのは興味深い。
It's interesting (　　　) saying that.

(3) 彼の部屋に入ったとたんに、私は、彼がセンスのいい人だとわかった。
(　　　) entering his room, I found that he was a man of taste.

(4) 彼が次に何をするかはまったくわからない。
There is (　　　) telling what he will do next.

(5) 彼女はひと言もいわずにわれわれのそばを通り過ぎた。
She passed us (　　　) saying a word.

ヒント (1)「時間がない」は否定が含まれていることに注意。 (2) It は形式主語で、あとの動名詞が真主語になっていると考える。 (3)「～したとたんに」は動名詞を含む慣用表現で表せる。 (4)「～することは不可能である」の構文は何か。

5 次の各文を（　）内の指示に従って書きかえなさい。

(1) I have no doubt that he will come here. (下線部に動名詞を用いて)

(2) She was lazy when she was young. She is ashamed of it. (2文を1文に)

(3) As soon as he found out the result, he turned pale. (動名詞を用いて)

(4) He is proud that his son is clever. (下線部に動名詞を用いて)

(5) I remember that I came here once. (単文に)

ヒント (1) will come という未来時制にこだわる必要はない。 (2) 2文の時制の相違に注意する。 (3)「～したとたんに」を表す動名詞の慣用表現は何か。 (4) 動名詞の主語をどう表すか。 (5) that 節を動名詞にする。

6 次の各文を～ing形に注意して和訳しなさい。

(1) It is great fun sliding down a slope in a sleigh.

(2) Would you mind waiting for me here?

(3) I don't like being disturbed while reading.

(4) There is no hope of her recovering soon.

(5) Sunday is not a proper day for making calls; weekdays should be always chosen.

ヒント (1) It は形式主語で、あとから出てくる動名詞が真主語。 (2) mind ～ing は「～することを気にする、いやに思う」の意味。 (3) being disturbed は受身の動名詞。 (4) 所有格 her は recovering の意味上の主語。 (5) make a call は「（短い）訪問をする、電話をかける」の意味。

応用問題

解答・解説は別冊 p.13

1 次の日本文に合うように, 空所に適当な1語を入れなさい。 ➡ 1 2 3 4

(1) 若いときにもっと勉強しなかったことを私は後悔しています。
I regret (　　)(　　) worked harder when I was young.

(2) 将来, 何が起こるかはまったくわからない。
There is (　　)(　　) what may happen in the future.

(3) 君が私をだまそうとしてもむだだよ。
It is no (　　)(　　) trying to deceive me.

よく出る！(4) 彼は学生にたくさん質問されることを意に介さない。
He never minds (　　)(　　) many questions by his students.

ヒント (1)「勉強しなかった」のは過去であり,「後悔している」のは現在。この時間のずれを表現する方法を考える。 (3) 動名詞の意味上の主語に注意。 (4)「質問される」は受身。

2 次の各文を( )内の指示に従って書きかえなさい。 ➡ 1 2 3 4

ハイレベル(1) I don't feel inclined to go with the lady.（下線部を動名詞を用いて）

ハイレベル(2) Whenever he meets me, he tells me to do my best.（単文で）

(3) He is proud that his son was educated in Europe.（下線部を動名詞を用いて）

ヒント (1) feel inclined to ～は「～したい気がする」の意味。 (2) He never meets で始める。

3 次の文を和訳しなさい。 ➡ 1

You must know that washing your hands frequently gets rid of germs and prevents them from getting into your body.

ヒント prevent ... from ～ing「…が～するのを妨げる」

4 次の日本文を動名詞を用いて英訳しなさい。 ➡ 1 4 5

(1) 彼は新しい自動車を買うことを断念した。

(2) 私は歌うのは好きだが, その歌は歌いたくない。

(3) 私はそのとき泣きたくなった。

よく出る！(4) 英語を話すときには, まちがえることを恐れてはいけません。

ヒント (1)「断念する」give up (2) like を2回用いるが, 目的語をどう置くか。 (3) 動名詞の慣用表現を用いる。 (4)「～を恐れる」は be afraid of ～。

第9章 分詞

これだけはおさえよう

1 形容詞としての用法（現在分詞・過去分詞）

① 名詞の前に…分詞が単独の場合

- A **drowning** man will catch at a straw.（おぼれる者はわらをもつかむ）
- A **burnt** child dreads the fire.（やけどをした子どもは火を恐れる）

② 名詞のあとに…分詞がほかの語句をともなっている場合

- a baby **sleeping** *on the sofa*.（ソファーで眠っている赤ん坊）
- a tragedy **written** *by Shakespeare*（シェークスピアの書いた悲劇）

2 進行形を作る用法（現在分詞）

- He *is* **running** at full speed.（彼は全速力で走っている）〈現在進行形〉
- I *was* **reading** a book when he came into the room.
  （彼が部屋に入ってきたとき私は読書をしていた）〈過去進行形〉

3 完了形を作る用法（過去分詞）

- The moon *has* **risen** in the east.（月が東に昇ったところだ）〈現在完了〉
- When he came, I *had* already **had** my supper.
  （彼が来たとき，私はすでに夕食をすませていた）〈過去完了〉

4 受動態を作る用法（過去分詞）

- I *was* **laughed** at by all my friends.（私は友人すべてに笑われた）

5 主格補語としての用法（現在分詞・過去分詞）

- The dog came **running** toward me.（その犬は私のほうに走ってきた）
- She felt **hurt** at her husband's words.（彼女は夫の言葉で感情を傷つけられた）

6 目的（格）補語としての用法（現在分詞・過去分詞）

① 知覚動詞とともに

- I *saw* some birds **flying** in the sky.（何羽かの鳥が空を飛んでいるのが見えた）
- I *heard* my name **called**.（私は自分の名前が呼ばれるのを聞いた）

② 使役動詞とともに

- I can't *have* you **doing** that.（それを君にさせておくわけにはいかない）
- I *had* my arm **broken** in the accident.（その事故で私は腕を折ってしまった）

③ 一般動詞とともに

- He *kept* me **waiting** for a long time.（彼は私を長い間待たせた）
- I *found* the house **burnt** down.（私は家が全焼したことがわかった）

基本問題

解答・解説は別冊 p.13

1 日本文の意味になるように，（ ）内の動詞を適当な形に変えなさい。 ➡ 1 5 6

よく出る！ (1) 私は，スーツケースをさげている1人の若い女性に会った。
I met a young lady (carry) a suitcase.

よく出る！ (2) アメリカで話されている英語は，イギリスで話されている英語とは少し違う。
English (speak) in America is a little different from that (speak) in Britain.

(3) 彼女は私に会ってびっくりした様子だった。
She looked (surprise) to see me.

(4) 私たちは，トラがおりの中をあちこち歩いているのを見た。
We saw a tiger (walk) up and down in a cage.

(5) 彼女はドアにかぎをかけないでおいた。
She left the door (unlock).

ヒント (1) lady を修飾する。 (2) that は English をさす。 (4) saw は知覚動詞。

2 次の各組の文や語句を，意味の違いに注意して和訳しなさい。 ➡ 1 5 6

(1) { (ア) He is boring.
　　(イ) He is bored.

(2) { (ア) boiling water
　　(イ) boiled water

(3) { (ア) The boy looked terrifying at that time.
　　(イ) The boy looked terrified at that time.

(4) { (ア) He found his stolen bicycle.
　　(イ) He found his bicycle stolen some days ago.

ヒント (1) bore は「(人を)退屈させる，うんざりさせる」の意味。 (2) 現在分詞には進行中の意味が，過去分詞には受身の意味がある。 (3) terrify は「(人を)こわがらせる」の意味。

3 次の各文の（ ）内の語を適当な形に変えなさい。 ➡ 1 2 3 4 5

(1) I have (buy) a new watch.
(2) I was (catch) in a shower.
(3) She has (be) (learn) English for four years.
(4) The boy (speak) to Mary is her brother.

よく出る！ (5) The (wound) passengers were taken to the hospital at once.

よく出る！ (6) He sat (surround) by his sons and daughters.

ヒント (1) have があるから現在完了。 (2)「にわか雨にあった」 (3)「英語を4年間学んでいる」 (5)「負傷した乗客」 (6)「囲まれてすわっていた」

4 次の各文の（ ）の中から適当なものを選びなさい。

(1) The baby (sleeps, sleeping, slept) in the cradle is my new sister.
(2) I have received a letter (write, writing, written) in French.
(3) The actress stood (smiled, smiling, was smiling) on the stage.
(4) He saw two horses (ran, to run, running) in the field.
(5) I am sorry to have kept you (wait, waiting, waited).

ヒント (1)「ゆりかごで眠っている赤ん坊」 (2)「フランス語で書かれた手紙」 (3)「ステージの上で微笑して立っていた」 (4) saw は知覚動詞として目的語と補語をともなっている。 (5)「お待たせして申しわけありません」

5 次の各文の誤りを訂正しなさい。

(1) I had my hair cutting yesterday.
(2) I am interesting in social problems.
(3) He seemed satisfying with the result.
(4) The shop has been kept closing all day.
(5) He was stolen his wallet.
(6) It was an excited game.

ヒント (1)「きのう，散髪した」 (2) interest は「（人に）興味を起こさせる」の意味。 (3) satisfy は「（人を）満足させる」。 (4)「1日じゅう閉まっていた」 (5)「財布を盗まれた」 (6) excite は「（人を）興奮させる」の意味。

6 次の各文を和訳しなさい。

(1) A rolling stone gathers no moss.
(2) She kept waiting for her husband to come back.
(3) She watched the ship sailing out of the port.
(4) The field was covered with the killed and the wounded.
(5) I cannot make myself understood in English.

ヒント (1) roll「転がる」, moss「こけ」 (4) the killed ＝ killed people, the wounded ＝ wounded people

応用問題

1 次の各文の( )内の動詞を適当な形に変えなさい。

(1) Who is that boy (wear) a big straw hat?
(2) She is a girl (name) Jane.
(3) The boy found his name (write) on the wall.
(4) The child (raise) his right hand is Ned.
(5) The dog came (run) down the hill.
(6) We often hear it (say) that necessity is the mother of invention.

ヒント (2)「ジェーンという名前の少女」の意味になるようにする。 (3)〈S+V+O+C〉の文型としてとらえる。 (5)「丘をかけ降りてきた」 (6)「必要は発明の母とよくいわれる」

2 次の各文を( )内の指示に従って書きかえなさい。

(1) I found a soldier who was wounded.
（単文に）
(2) Will you take care of the car which belongs to my brother?
（分詞を用いて単文に）
(3) He heard a sound. The train was approaching.
（2文をまとめて1文に）
(4) She stood on a hill. It commanded a fine view.
（分詞を用いて1文に）

ヒント (1)「負傷した兵士」の表現法。 (3) heard のあとに〈目的語 + 補語〉を置くことを考える。 (4)「すばらしい景色が見晴らせる丘」

3 次の各文を英訳しなさい。

(1) 発車しかけている列車に飛び乗ってはいけない。
(2) 空模様があやしくなってきた。
(3) 川の土手で絵をかいている少女は誰ですか？
(4) 私は散髪をしに床屋に行くところです。
(5) あなたの英語は通じますか？

ヒント (1)「飛び乗る」jump into 〜 (2)「あやしくなる」は threaten (〜の前兆である) を使う。 (3)「土手」bank (4)「散髪する」は〈S+V+O+C〉の文型。 (5) 動詞は make を用いる。

実戦問題

解答・解説は別冊 p.14

1 次の各文の空所に適当な助動詞を入れなさい。
(1) "Must I help you?" "No, you (　　) not."
(2) I (　　) have said so, but I don't remember it clearly.
(3) Most of the students seem to want to read this magazine. It (　　) be interesting.
(4) You (　　) come any day, but you (　　) come some day.
(5) He always tells lies. What he said (　　) be true.
(6) When I was a boy, I (　　) to like chocolate.
(7) You (　　) to know better at your age.

2 次の各文を不定詞を用いて書きかえなさい。
(1) The girl was so lucky that she could win first prize.
(2) The boy was so proud that he did not ask for his parents' help.
(3) It is quite natural that the couple should love each other.
(4) He stepped aside so that the lady might pass.
(5) I awoke and found myself lying on a hospital bed.

3 日本文の意味を表すように，空所に適当な 1 語を入れなさい。
(1) 妹は寝る前に必ず 3 分間歯みがきをします。
My sister always brushes her teeth for three minutes (　　) (　　) to bed.
(2) ここでたばこを吸ってもよいですか？
Would you mind (　　) (　　) here?
(3) その知らせを聞いて私は残念に思わずにはいられません。
I cannot (　　) (　　) sorry to hear the news.
(4) 私たちはそんなふうに扱われるのは好きではありません。
We don't like (　　) (　　) like that.
(5) 彼女と結婚したことで彼は自分がいやになった。
He hated himself for (　　) (　　) her.

4 次の各組の文が同じ意味を表すように，空所に適語を入れなさい。

(1) {You cannot do many things at once.
Many things cannot (　　) (　　) at once.

(2) {We heard the girl sing by the door.
The girl was heard (　　) (　　) by the door.

(3) {Everybody knows the title of this book.
The title of this book is known (　　) everybody.

(4) {Who takes care of these dogs?
By (　　) (　　) these dogs taken care of?

(5) {Nobody looked after the child.
The child was not looked after by (　　).

5 次の各文の（　）内の動詞を適当な形に変えなさい。
(1) They had a picture (take) by the lake.
(2) She went away without (say) a word.
(3) I am looking forward to (hear) from you soon.
(4) The stranger could not make himself (understand).

6 次の日本文を分詞を使って英訳しなさい。
(1) 私は，彼女が自家用車(one's own car)を運転しているのを見た。
(2) 黒い犬が1匹ほえながら私たちに近づいてきた。
(3) ここにこわれたカメラがある。それはトムがこわしたカメラだ。
(4) 赤ん坊は夜通し泣き続けた。

大学入試レベルにチャレンジ

解答・解説は別冊 p.15

1 次の英文の( )内に入る最も適切なものを，1つずつ選びなさい。

(1) A cup of coffee makes you (　　) when you feel sleepy.
① refresh　② refreshing　③ refreshed　④ to refresh　（大阪学院大）

(2) I asked the young guy to quit (　　) in the library, but he wouldn't.
① talk　② talked　③ to talk　④ talking　（南山大）

(3) Our flight (　　) because of some mechanical problem.
① delay　② delays　③ delayed　④ was delayed　（札幌大）

(4) He stopped (　　) his wife, who was waiting at the bus stop.
① to pick up　② pick up　③ for picking　④ being picked　（松山大）

(5) When I fell, I felt something (　　) wrong with my foot.
① goes　② has gone　③ go　④ will go　（東海大）

(6) I was often upset that my advice had never (　　) by my younger brother.
① been paid attention　② been paid attention to
③ been paying attention　④ paid attention to　（近畿大）

(7) This shirt is difficult (　　) in winter.
① for it to be dried　② to be dry
③ to dry　④ to dry it　（立命館大）

(8) Milk turns sour unless (　　).
① refrigerated　② to refrigerate
③ refrigerating　④ refrigerator　（中央大）

(9) It has been hard to concentrate on my studies lately because a road (　　) in front of my house.
① builds　② has built
③ is being built　④ is building　（センター試験）

(10) What do you say (　　) cards instead of tennis during lunch hour?
① playing　② to play　③ to playing　④ we played　（センター試験）

(11) After the typhoon, we found a shed (　　) on its side in the middle of the street.
① lay　② laying　③ lies　④ lying　（センター試験）

2 次の日本語に合うように, ( )内の語句を並べかえて英文を完成させなさい。

(1) 昨年の夏は節電が至上命令だった。

It was (down, must, electricity, to cut, absolute, an, for us, on) consumption last summer. 〔中央大〕

(2) 浜辺をより美しくするために大きな努力が払われている。

Great efforts (make, are, this beach, made, to, being) more beautiful. 〔東洋大〕

(3) 君が安全なのを知って, ほっとしたよ。

(relief, a, know, safe, it's, to, you're, great). 〔京都薬科大〕

(4) 1週間ほど前, 生まれて初めてドイツ人と話したのですが, 私のドイツ語は下手過ぎて通じませんでした。

I spoke to a German for the first time in my life about a week ago, but (was, to, myself, German, make, too, my, understood, poor) with. 〔関西学院大〕

(5) 彼は本をわきへ押しやって私の座る場所をつくってくれた。

He (aside, sit, to, room, to, books, pushed, the, make, me, for). 〔大阪歯科大〕

(6) 彼女は, 上司がずっと待たされていたので彼が怒っていると思った。

She assumed (about, angry, been, having, her boss, kept, was) waiting. 〔立命館大〕

3 次の文中の___に与えられた語句を並べかえて文を完成するとき, A , B に入れるのに適当なものを選び, 番号で答えなさい。 〔センター試験〕

(1) John is a very smart student. He somehow ___ A ___ B ___.

① how ② problems ③ seems ④ to get around ⑤ to know

(2) What does ___ A ___ B ___ good eyesight?

① have ② with ③ to ④ eating blueberries ⑤ do

第10章 名詞と冠詞

1 名詞の種類
1. **普通名詞**：生物や事物の名。単数・複数の区別がある。(dog, pencil, day)
2. **集合名詞**：同種の人やものが集合したもの。(class, family, crowd)
3. **物質名詞**：物質や材料そのものを指す名詞。数えられない。(stone, paper, water)
4. **抽象名詞**：性質, 概念, 状態など形のないもの。(peace, love, honesty)
5. **固有名詞**：人やものの固有の名。大文字で始める。(Japan, Tom, Mt. Fuji)

2 名詞の複数形の作り方
1. **規則的複数形**：語尾に **-s**（発音が[s, z, ʃ, ʒ, tʃ, dʒ]のあとは **-es**）をつける。
2. **不規則的複数形**：母音変化(man — men, foot — feet, tooth — teeth)
   単複同形(deer, sheep, yen, series, Japanese〈日本人〉)

3 所有格の用法
1. **主 格 関 係**：**mother's** love(母の愛)……母が愛すること
2. **目的格関係**：**boy's** training(少年の訓練)……少年を訓練すること
3. **同 格 関 係**：**doctor's** degree(博士号)……博士という称号
4. **所有格関係**：**Jack's** books(ジャックの本)……ジャックが所有する本

4 冠詞の用法
1. **不定冠詞の用法**

   「1つの」　　　　I have **a** book.(私は1冊の本を持っている)

   「ある〜」　　　　In **a** sense he is right.(ある意味では彼は正しい)

   「〜というもの」　**A** lion is **a** strong animal.(ライオンは強い動物である)

   「同じ」　　　　　We are all of **an** age.　(私たちはみな同じ年です)

   「〜につき」　　　The baby sleeps ten hours **a** day.
   　　　　　　　　(その赤ん坊は1日10時間眠る)

2. **定冠詞の用法**

   既出の語に：　　　I have *a dog*. I call **the** *dog* Taro.
   　　　　　　　　(私は犬を飼っている。私はその犬をタロウと呼んでいる)

   状況でわかるもの：Please open **the** door.
   　　　　　　　　(ドアを開けてください)

   修飾語句で限定：　I found **the** camera *that I had lost*.
   　　　　　　　　(私はなくしたカメラを見つけた)

基本問題

解答・解説は別冊 p.16

1 次の各文の下線部の名詞の種類を答えなさい。

(1) Fill the glasses with wine.
(2) They sell butter, tea and sugar at that store.
(3) Sandwich was an English nobleman.
(4) The audience were all moved to tears.
(5) An encyclopedia contains much information.

> **ヒント** (1) glass は「ガラス」の意味では物質名詞。
> (3) Sandwich は「サンドイッチ」の由来となったといわれる人物の名前。
> (4) audience「聴衆」,be moved to tears「感動して涙を流す」
> (5) encyclopedia「百科事典」,information「情報」

2 次の各文を，名詞を複数形にして書きかえなさい。

よく出る! (1) This knife cuts well.
(2) You see a very tall chimney over there, don't you?
よく出る! (3) The dog looks after a sheep.
(4) The lady was very kind to the child.
ハイレベル (5) This ox has served you well for a year.

> **ヒント** (1) knife の複数形は？　(2) chimney の複数形は？
> (3) sheep の複数形は？　(4)(5) 名詞はすべて複数形にすること。

3 次の各文の適当なところに必要があれば冠詞を補いなさい。

よく出る! (1) We stopped in New York for only half day.
(2) Paris is capital of France.
よく出る! (3) Rome was not built in day.
(4) I know that sun rises in east and sets in west.
ハイレベル (5) Hamlet, prince of Denmark, was noble young man.

> **ヒント** (1)「半日」の表現は？
> (2) 固有名詞は冠詞が必要か？
> (3)「ローマは1日にして成らず」
> (4) ただ1つのものには定冠詞をつける。
> (5) prince などの役職・立場を表す名詞が名前と同格になる場合には，冠詞はつかない。

4 次の各文の下線部の意味を書きなさい。　➡ ③

(1) We often meet at the barber's.
(2) She waited for the doctor's arrival.
(3) He hurried to his friend's rescue.
(4) They are all Tom's children.

> ヒント　(1) 省略された語を考えてみよう。　(2) doctor と arrival の関係は？　(3) his friend と rescue の関係は？

5 次の各文の誤りを訂正しなさい。　➡ ② ③ ④

よく出る！(1) He came home after two year's absence.
ハイレベル(2) He has spent all money I gave him.
よく出る！(3) You will see many sheeps, deers, and goats in the park.

> ヒント　(1)「2年後に帰宅した」　(2)「私が与えたお金を彼は全部使ってしまった」　(3) 複数形の作り方。

6 次の各語の英語の読み方を書きなさい。

(1) 3,205,478
(2) July 21
(3) 7039〈電話番号〉
(4) $13.25

> ヒント　(1) 百万の単位は？　(2)「21」を序数としてとらえる。　(3) 電話番号は原則として1つずつ読んでいく。　(4) アメリカの貨幣単位。

7 次の各文を和訳しなさい。　➡ ① ③

(1) About an hour's walk brought the students to Ms. White's. They were all Ms. White's admirers.
(2) Like the bee we must get a little honey of happiness here and there as we go through the garden of life.

> ヒント　(1) brought の主語は何か？　第1文の Ms. White's のあとに何が省略されているか？　第2文の Ms. White's admirers の意味をよく考えてみよう。　(2) honey of happiness の訳に注意。here and there「ここかしこで」

応用問題

解答・解説は別冊 p.17

1 次の各文の（　）内の語のうち正しいほうを選びなさい。

(1) All his family (is, are) very well.
(2) The roses in the garden smell (sweet, sweetly).
(3) Today is Aunt Ellen's (forty, fortieth) birthday.
(4) Bill and I are of (an, the) age.
(5) New York is (a, the) largest city in (a, the) world.

> ヒント　(1) family を単数と見るか,複数と考えるか。　(3)「40回目の誕生日」　(4)「同じ年」はどのように表すか。

2 次の各文の誤りを訂正しなさい。

(1) I met two Englishman during my stay in London.
(2) Our school has eight hundreds students.
(3) I have never seen a such sharp knife.
(4) The Japanese are Asian people.
(5) Nancy was sitting there quietly for hour.

> ヒント　(5)「何時間もの間」はどのように表すか。

3 次の日本文を英訳しなさい。

(1) 運転手さん,あの高いビルの前で停めてください。
(2) 田中さんという方があなたに会いに来ました。

第11章 形容詞

1 形容詞の基本的な働き

① 名詞を修飾・限定する（限定用法）

(a) **名詞の前から**：**1語**からなる形容詞の場合
- Look at the **red** roses.（あの赤いバラを見てごらん）

(b) **名詞のうしろから**：**複数語**からなる形容詞の場合
- Look at the basket **full of roses**.（バラで一杯のバスケットを見てごらん）

注 something, anything, nothing のうしろに続く場合もある。

② 名詞について説明する（叙述用法）

(a) SVC の**補語**として：The test was **difficult**.（そのテストは難しかった）

(b) SVOC の**補語**として：I found the test **difficult**.（そのテストが難しいとわかった）

注 形容詞には, 以下のようなものがある。

限定用法のみの形容詞：only, mere, total など

叙述用法のみの形容詞：content, glad, a- で始まる語（afraid, alike, alive など）

両方で意味が異なる形容詞：present, certain, ill, able, late など

- The **present** assistants are all 30 years old.（現在の助手は全員30歳だ）
- The assistants are all **present**.（助手は全員出席している）

2 数量を表す形容詞

① 可算名詞につく語句：many, few, a few, a number of ～（多くの～）, 数詞など

注 類似表現の the number of ～は「～の数」という意味。

② 不可算名詞につく語句：much, little, a little など

③ 両方につく語句：a lot of ～, some, any, no など

注 some は**肯定文**, any は**否定文・疑問文**で用いられることが多い。

3 いろいろな形容詞相当語句

① 現在分詞・過去分詞・to 不定詞
- Look at the man **standing over there**.（あそこに立っている人を見てごらん）
- I have a lot of work **to do today**.（今日やるべき仕事がたくさんあります）

② 前置詞句
- Look at the baby **in the bed**.（ベッドにいる赤ん坊を見てごらん）

4 形容詞は, 基本的に,〈all/both ＋冠詞類＋数量＋性質（評価／年齢／大きさ／色／国籍／材料）＋名詞〉の順で並ぶ。ただし, 順序がかわる場合もある。

基本問題

解答・解説は別冊 p.17

1 次の各文の（ ）内から，正しいものを1つ選びなさい。

(1) To take too (many, much, more) sugar is not good for your health.
(2) Last year, there were (little, few, much) sunny days in February.
(3) Many students learn a foreign language, but (few, little, no) master it.
(4) Your composition is very good, but it has (few, a few, a little) mistakes.
(5) Look at the (afraid, frightened) people.

ヒント (1) sugar は可算か不可算か。 (2) days につけることが可能な語は？
(3) 後半は，「マスターする者は少ない」の意味。
(4) mistakes が複数形であることと，文前半とのつながりから選ぶ。

2 次の各文の誤りを訂正しなさい。

(1) The number of people visit Hawaii every year.
(2) Those asleep cats are all male.
(3) I found new something in the shop.
(4) There is few water left in the glass.

ヒント (1) the number of ～の意味は？ (2) asleep は限定用法で使えるか？
(3) something を形容詞が修飾する方法は？ (4) water は不可算名詞。

3 次の日本文に合うように（ ）内の語句を並べかえなさい。

(1) 公園で遊んでいる子どもたちはその事故を見た。
(in the park, playing, saw, the accident, the children).
(2) 何か冷たい飲み物はいかがですか？
(cold, drink, have, something, to, you, won't)?
(3) 彼は身長が180センチメートルです。
(and, centimeters, eighty, he, is, one hundred, tall).
(4) そのベッドは快適だった。
(bed, comfortable, found, the, I).

ヒント (1) 「公園で遊んでいる子ども」をどう表現するか？
(2) 「何か冷たい飲み物」をどう表現するか？
(3) 「180センチメートル」をどう表現するか？ (4) 「快適なベッド」ではない。

4 次の各組の文を，意味の違いに注意して日本語にしなさい。

(1) { (ア) The number of cars in this city has increased.
    { (イ) A number of cars have been exported.

(2) { (ア) We found some red roses.
    { (イ) We found the roses red.

(3) { (ア) There are few books on the shelf.
    { (イ) There are a few books on the shelf.

(4) { (ア) I like little animals.
    { (イ) I need little money.

(5) { (ア) He is in an ill temper now.
    { (イ) He is ill in bed now.

ヒント (1) 対応する動詞の形，has と have に注目すると主語の意味がわかる。
(2) 文の構造（文型）が異なる。
(3) few と a few の違いは？
(4) little に続く語句は可算名詞か，それとも不可算名詞か。
(5) 何が ill なのかが異なる。

5 次の（ ）内の形容詞を，適切な順番に並べかえなさい。

(1) (old, small, some, wooden) statues
(2) (all, four, French, smart, the) students
(3) (little, nice, red, these) roses

ヒント (1) wooden「木製の」，statue「像」　(2) all と the の位置に注意。

6 次の日本文を英訳しなさい。

(1) 彼はたくさんの本を持っている。
(2) 彼はたくさんのお金を持っている。
(3) 彼は本で一杯のかばんを持っていた。
(4) その辞書はとても役立った。(of を用いて)
(5) 私の息子は，この新しい木製のおもちゃを気に入っている。

ヒント (1)(2)「たくさんの」をどう表現するか？
(3)「～で一杯の…」をどう表すか？
(4)「役立つ」を of を用いてどう表すか？
(5)「この新しい木製の」の表現はどうするか？

応用問題

解答・解説は別冊 p.18

1 次の各文の（　）内から最も適当なものを１つ選びなさい。

(1) Some of the apple (is, are) rotten.

(2) Some of the apples (is, are) rotten.

(3) A number of cars (is, are) imported from the U.S.A.

(4) The number of cars (is, are) increasing.

> ヒント　(1)(2) それぞれの some は可算か不可算か。
> (3)(4) 意味を考えると，主部のうち，主語になる１語がわかる。その単複が対応する動詞の形を決めることに注目。

2 次の各文の（　）内から，文法的に用いることができないものを１つ選びなさい。

(1) I have (a lot of, many, a little) books.

(2) I have (a lot of, many, a little) money.

(3) There are (a lot, a number, the number) of cars in the park.

(4) I saw (a little, little, many) cats.

> ヒント　(1) books は数えられる名詞の複数形。　(2) money は不可算名詞。
> (3) 動詞が are であることに注目。
> (4) cats が複数形であることに注目。なぜ a little と little が選択肢にあるのかを考える。

3 次の各文を和訳しなさい。

(1) This machine is of great help in doing the task.

(2) All my friends were present at the party.

(3) The late Mr. Smith was a doctor.

(4) He lives in a certain village.

(5) He bought a used car.

> ヒント　(1) of great help の意味は？　(2) present の意味は？　(3) late の意味は？　(4) certain の意味は？　(5) used の意味は？

第12章 副詞・否定

これだけはおさえよう

1 副詞の働き

① 動詞を修飾
- I *get up* **early**. (私は早く起きる)

② 形容詞・副詞を修飾
- I am **very** *tired*. (私はとても疲れている)

③ 副詞・副詞節を修飾
- He called me **just** *at seven*. (彼はちょうど7時に私に電話してきた)

④ 名詞を修飾
- The *boy* **there** is my brother. (そこにいる少年は私の兄〔弟〕だ)

⑤ 文全体を修飾
- **Foolishly** *he said such a thing*. (愚かにも彼はそんなことを言った)

⑥ 接続詞としての用法
- He is rich; **nevertheless**, he is not happy. (彼は金持ちだが幸せではない)

2 2種類の副詞 (-ly の有無で意味が変わる語)
- He worked **hard**. (彼は一生懸命働いた)
- He **hardly** works. (彼はほとんど働かない)

3 否定の副詞
- He **seldom**〔**scarcely**〕goes there. (彼はほとんどそこに行かない)
- She slept **little** last night. (彼女は昨晩ほとんど眠らなかった)

4 部分否定と全体否定
- I bought **all** of them. (すべてを買った) 〈全体肯定〉
- I bought **some** of them. (いくつかを買った) 〈部分肯定〉
- I did **not** buy **all** of them. (すべてを買ったわけではない) 〈部分否定〉
- I did **not** buy **any** of them./I bought **none** of them. (どれも買わなかった) 〈全体否定〉

5 二重否定や否定を含む慣用表現
- There is **no** rule **but** has exceptions. (例外のない規則はない)
- They **never** meet **without** quarreling. (彼らは会うと必ず口論する)
- You **cannot** drive **too** carefully. (運転にはいくら注意してもしすぎることはない)
- I did **not** know the news **until** I came home. (家に帰って初めてその知らせを知った)
- He is **anything but** an artist. (彼はとても芸術家なんかではない)

基本問題

解答・解説は別冊 p.18

1 次の各文の中から副詞を指摘しなさい。

(1) My parents get up early.
(2) She is very beautiful.
(3) The girl there is my sister.
(4) Foolishly, they told us the secret.
(5) He showed me the picture ; still I could not believe his story.

ヒント 副詞は,動詞・形容詞・副詞(句・節)・文を修飾するのが主な働きで,これ以外には名詞を形容詞的に修飾したり,ときには接続詞のように働いたりすることもある。

2 次の各文の下線部が, 副詞・前置詞・形容詞・接続詞のどれかを区別しなさい。

(1) I have not seen her since.
(2) I have not seen her since 1990.
(3) I have not seen her since I saw her at the party.
(4) The dog ran round the table.
(5) I bought a round table at the shop.
(6) The girls were dancing round in a circle.

ヒント 前置詞ならば次に名詞が続く。接続詞ならば次に文が続く。形容詞ならば名詞を修飾する。副詞は以下に何も続かない。以上を原則にして考える。 (1) since には何も続いていない。 (2) since 以下に 1990 という語が続いている。 (3) since 以下に文が続いている。 (4) round 以下には the table と名詞が続いている。 (5) a ～ table の～に round がある。 (6) round の次に直接に続く語句がない。(4)と(6)の round はアメリカ語ではふつう around になる。

3 次の各文を和訳しなさい。

(1) She studied hard to pass the examination.
よく出る! (2) I could hardly believe what he said.
(3) Mary worked hard and went to bed late that night.
(4) She has been reading a lot of books lately.
(5) The dog came near when I called it.
(6) My bag was nearly stolen by the thief.
よく出る! (7) I have not watched all the movies.

ヒント (1)(2) hard と hardly の意味の違いを考える。 (3)(4) late と lately の意味の違いを考える。 (5)(6) near と nearly の意味の違いを考える。 (6) thief は「どろぼう」の意味。 (7) not ～ all の意味を考える。

4 次の日本文の意味に合うように，空所に適当な1語を入れなさい。

(1) 彼は決してそんなことをいう人ではない。
He is the (　　　) person to say such a thing.

(2) 私はいつも日曜日に家にいるとは限らない。
I am not (　　　) at home on Sundays.

(3) 例外のない規則はない。
There is no rule (　　　) has some exceptions.

(4) 彼はきのう，ほとんど仕事ができなかった。
He could work very (　　　) yesterday.

(5) その犬が死んで初めて，その犬がいないとさびしいと思った。
I did not miss the dog (　　　) it died.

ヒント (1)「最も〜しそうもない」の意味で用いる1語を考える。 (2)「いつも〜とは限らない」は部分否定。 (3) 二重否定の言い方の基本的なもの。 (4)「ほとんど〜ない」という意味になる語を考える。位置的に hardly ではない。 (5)「〜して初めて…」という意味の言い方を考える。

5 次の各文の誤りを訂正しなさい。

(1) I saw her two days before.

(2) I did not buy neither of them.

(3) The mother looks happily when she sees her baby.

ヒント (1)「2日前」だが，動詞が過去形であることに注意。 (2)「両方とも買わなかった」という言い方だが，否定語が2つある。 (3)「母親は赤ちゃんを見たとき幸せそうに見える」という意味だが happily で正しいか。

6 次の各組の文がほぼ同じ意味になるように，空所に適当な1語を入れなさい。

(1) { The president was not ill at all.
    { The president was (　　　) from ill.

(2) { There was only an old chair in the room.
    { There was nothing (　　　) an old chair in the room.

(3) { He was so busy that he could not read today's paper.
    { He was (　　　) busy to read today's paper.

ヒント (1)「まったく〜でない」という表現を考える。 (2)「ただ〜だけ」という表現を考える。 (3)「あまりに〜なので…できない」という表現を考える。

応用問題

解答・解説は別冊 p.19

1 次の各文の空所に入る適当な語の番号を選びなさい。

(1) I could (　) believe his story because he often told lies.
　　1. hard　　2. hardly

(2) He had come home three weeks (　).
　　1. before　　2. ago

ヒント (1)「ほとんど～ない」という意味になるのはどちらか。 (2)「3週間前」の意味だが,時制が過去完了なので,どちらを用いるか。

2 次の各組の文がほぼ同じ意味になるように, 空所に適当な1語を入れなさい。

(1) ｛ Probably he will go to America next year.
　　 It is (　) that he will go to America next year.

よく出る! (2) ｛ I never see him without thinking of his father.
　　 (　) I see him, I (　) of his father.

よく出る! (3) ｛ I didn't buy all of the books.
　　 I bought (　) of the books.

(4) ｛ There was no man who did not admire him.
　　 There was no man (　) admired him.

ヒント (1) Probably をどう書きかえるか。It is に続く形にする。 (2) never ～ without ... は「～すると必ず…する」という意味。 (3)「すべての本を買ったわけではない」ということから「何冊かは買った」という意味にする。 (4)「彼をほめない人はいなかった」の意味にする。

3 次の日本文の意味に合うように, (　)内の語を並べかえなさい。

(1) 私は,学校に行って初めてその知らせを知った。
　　(I, I, the, until, school, news, went, did, to, know, not).

(2) 彼の作品は,いくらほめてもほめすぎるということはありません。
　　(too, we, his, cannot, much, praise, work).

ハイレベル (3) 彼はとても忙しいため,ほとんど両親に手紙を書きません。
　　(he, busy, because, very, writes, his, seldom, parents, is, to, he).

ヒント (1)「～して初めて…する」という言い方は,not ... until ～ で表す。 (2)「いくら～しても,しすぎることはない」は cannot ～ too ... で表す。 (3)「ほとんど～ない」は seldom で表せる。

69

第13章 代名詞

これだけはおさえよう

1 人称代名詞の用法
① 人称代名詞には**単数**, **複数**があり, それぞれ**人称**, **格**によって変化する。
② 一般の人を表すのに **we**, **you**, **they** を使うことがある。
- **We** should obey **our** parents.（両親のいうことは聞かなければならない）

2 所有代名詞の用法
① 前後の名詞の代わり：**Ours** is an island country.（わが国は島国である）
② 〈of+ 所有代名詞〉：He is a friend of **mine**.（彼は私の友人の１人です）

3 再帰代名詞の用法
① 強　調：I **myself** thought so.（私自身そう思った）
② 他動詞の目的語：He cut **himself** with a knife.（彼はナイフでけがをした）
③ 前置詞の目的語：You must take care of **yourself**.（君は体に気をつけるべきだ）

4 it の用法
① 前出のものを指す：He gave me a watch, but I have lost **it**.
（彼は私に腕時計をくれたが, 私はそれをなくしてしまった）
② 天候・時間・距離：How far is **it** to the station?（駅までどのくらい（の距離）ですか）
③ 形式主語：**It** is wrong to tell a lie.（うそをつくのは悪いことだ）
④ 形式目的語：We believe **it** true that she is innocent.
（私たちは彼女が無実だというのは本当だと信じている）

5 指示代名詞
① 基本用法：Which desk do you prefer, **this** or **that**?
（あなたはこれとあれ, どちらの机がいいですか）
② 代用用法：The climate of Japan is much milder than **that** of Alaska.
（日本の気候はアラスカのよりずっと穏やかである）
③ those（人々）：The news made **those** present very glad.
（その知らせは出席していた人々をとても喜ばせた）

6 不定代名詞
① **one(s)**：Here are three hats. Which **one** is yours?
（ここに３つの帽子があります。どれがあなたのですか）
② **none**：**None** of my friends like jazz.（友人は誰もジャズを好まない）
③ **other**：I don't know one from the **other**.（私は両者の区別がつかない）
④ **another**：Near this building **another** is being built.
（このビルの近くにもう１つ〈ビルを〉建築中だ）
⑤ **either**：**Either** of them is alive.（彼らのどちらかは生きている）
⑥ **neither**：**Neither** of them is alive.（彼らのどちらも生きていない）
⑦ **both**：**Both** belong to me.（どちらも私のものである）

基本問題

解答・解説は別冊 p.19

1 次の日本文の意味に合うように，空所に適当な1語を入れなさい。

(1) 彼と私の間にすわりなさい。
　　Sit between (　　) and (　　).

(2) 私は鈴木さん本人に会わなければならない。
　　I must see Mr. Suzuki (　　).

(3) 私たちのこの部屋はいつも清潔にしておくべきだ。
　　This room of (　　) should always be kept clean.

よく出る! (4) この庭は私の家の庭よりずっと大きい。
　　This garden is much larger than (　　) of my house.

よく出る! (5) この靴は大きすぎる。もっと小さいのがありますか？
　　These shoes are too large. Have you got any smaller (　　)?

ヒント (1) between が前置詞であることに注意。 (2)「自身」の表現法。 (3) us では正解にならない。 (4) the garden を1語で。 (5) shoes は複数形としてとらえる。

2 次の各文の(　)内から最も適当なものを1つ選びなさい。

よく出る! (1) Your pencil is here, but where is (my, me, mine)?

(2) This hat is too small. Please show me (one, another, other).

(3) He has two sons; one is a doctor and (another, other, the other) is a lawyer.

(4) (Each, Every, All) of them has a dictionary.

(5) His dress is (it, that, one, ones) of a gentleman, but his manners are (that, one, ones, those) of a clown.

ヒント (2)「別のを見せてください」の意味にするには？ (3)「2人の息子のうちのもう1人」をどう表すか。 (4) 動詞が has であることに注意。 (5) 後半は「彼の作法は道化師のそれである」の意味。

3 次の各文の誤りを訂正しなさい。

よく出る! (1) Nobody know that she got married.

(2) Where did you buy that your book?

よく出る! (3) Each of the children are doing well at school.

(4) Do you want a pen? —Yes, I want it.

(5) The population of Tokyo is larger than Osaka.

ヒント (1) Nobody は単数扱いか複数扱いか。 (2)「きみのあの本」の表現法。 (3) each は単数扱いか複数扱いか。 (4) a pen を指す代名詞。 (5) 東京の人口を大阪の人口と比べている。

4 次の各文を指示に従って書きかえなさい。

(1) My brother doesn't know anything about politics.
　　(nothing を用いて)

(2) The girl seems to be very kind to others.
　　(It で始まる文に)

(3) My grandmother lives in the house alone.
　　(herself を用いて)

> ヒント　(1) nothing は否定語であることに注意。
> 　　　　(2) seems の主語を The girl ではなく It にする。
> 　　　　(3) alone を herself を用いて表す。

5 次の各文を下線部に注意して和訳しなさい。

(1) <u>Both</u> of them are not poor.
(2) <u>None</u> of us know the truth.
(3) I haven't read <u>either</u> of these two novels.

> ヒント　(1) both は not をともなうと部分否定になる。　(2)と(3)は全体否定の文。

6 次の日本文を英訳しなさい。

(1) ここに私の手袋があります。君のはどこにありますか？
(2) あなたが怒るのはあたりまえだ。
(3) 彼の母は病気だった。それが彼が来なかった理由だ。

> ヒント　(2)「怒る」get angry,「あたりまえ」natural

7 次の各文を和訳しなさい。

(1) Opportunities come to all, but all are not ready for them when they come.
(2) It is often said that those who are rich are not always happy.

> ヒント　(1) opportunity「好機」,be ready for ～「～の準備ができている」
> 　　　　(2) who は those を先行詞とする関係代名詞。not always は部分否定として訳す。

応用問題

解答・解説は別冊 p.20

1 次の各文の（　）に適当な代名詞を入れなさい。

(1) (　　　) should do our duty.
(2) (　　　) is not easy to be punctual.
(3) Here is my pen. Where is (　　　), Tom?
(4) One must not forget (　　　) friends.
(5) The voice of a woman is softer than (　　　) of a man.

ヒント　(1)「義務は果たすべきである」　(2)「時間を守ることは容易ではない」　(4)「友人のことを忘れてはならない」　(5) the voice を1語で表現するものは？

2 次の各文の（　）内から最も適当なものを1つ選びなさい。

(1) You may invite any friend of (you, your, yours).
(2) History repeats (it, itself, one).
(3) In (these, those) days they were rich and happy.
(4) I have read (none, no one) of these books.
(5) (All, Each, Every) of us seek happiness.

ヒント　(1)「君の友人の誰でも招いてよい」　(2)「歴史はくり返す」　(3) 時制も合わせて考える。　(4)「1冊も読んでいない」　(5) 動詞に目をつける。

3 次の各文の誤りを訂正しなさい。

(1) She is an old friend of me.
(2) Your both hands are dirty.
(3) I'll have a cigarette. Will you have it, too?
(4) I have two uncles; one is in Tokyo and another is in Osaka.
(5) The either of these two jackets is good enough for me.

ヒント　(2) 語順に注意。　(3) a cigarette を指す代名詞。　(4) two uncles であることに注意。

大学入試レベルにチャレンジ

解答・解説は別冊 p.20

1 次の英文の( )内に入る最も適切なものを，1つずつ選びなさい。

(1) Some may say that I am attempting (　　　), but I don't agree.
① an impossible　② impossible
③ impossibly　④ the impossible　　　　　　　　　　　(近畿大)

(2) There were five pictures, but I didn't like (　　　) of them.
① any　② each　③ either　④ much　　　　　　　　　(名城大)

(3) More than one hundred people were (　　　) that huge ship.
① ashore　② away　③ ago　④ aboard　　　　　　　(関西学院大)

(4) If he acts like a child, he must be treated as (　　　).
① it　② this　③ such　④ that　　　　　　　　　　(関西学院大)

(5) You cannot carry (　　　) by yourself; you should get a smaller one.
① so large a suitcase　② so large suitcase
③ such large suitcase　④ a such large suitcase　　　　　(中央大)

(6) (　　　) members were reluctant to put her idea into practice, so she had to reconsider her entire plan.
① Quite a few　② Quite few
③ Quite a little　④ Quite little　　　　　　　　　　　(松山大)

(7) (　　　) exemplifies Japanese food better than a traditional *bento*, a tasty meal packed into a beautiful lunchbox.
① No other　② Not any　③ Nothing　④ Something　(立教大)

(8) (　　　) our company employees have started to use public transportation because of the increasing price of gasoline.
① Almost　② Almost all of
③ Most　④ Most of the　　　　　　　　　　　　(センター試験)

(9) The soccer game was shown on a big screen in front of (　　　) audience.
① a large　② a lot of　③ many　④ much　　　(センター試験)

(10) A : I heard Daiki's sisters are twins. Have you met them?
B : No, I haven't met (　　　) of them yet.
① each　② either　③ every　④ neither　　　(センター試験)

2 次の日本語に合うように，（ ）内の語句を並べかえて英文を完成させなさい。

(1) 彼に会うといつでも彼の母親を思い出す。
I (him, never, remembering, see, without) his mother. （玉川大）

(2) 最後まで試験をやっていた学生が，いつも成績が良いとは限らない。
The student who (last, always, the examination, a good grade, finishes, get, doesn't). （桃山学院大）

(3) 大学教育には講義だけでなく，学生自身による研究まで含まれる。
University education includes (not only, but also, research, to be, done, lectures) by the students themselves. （東洋大）

(4) その赤ん坊は食べられない物を飲み込んでしまい，顔色が青くなった。
(went, the face, something, and, the baby, blue, swallowed, in, inedible). （獨協医科大）

(5) 年末まで10人にひとりが電気自動車を所有するだろうと政府は表明した。
The government announced that (every, in, one, own, people, ten, will) an electric car by the end of the year. （立命館大）

3 次の各文で，下線部から間違っている箇所を1つずつ選びなさい。

(1) I ① don't suppose you ② could lend us a few wine ③ glass, ④ could you? （関西外語大）

(2) In ① the past I wanted to be ② a lifeguard, but now I'm studying ③ to become ④ the doctor. （中京大）

(3) " ① Do you know the name of bird ② on that branch?" " ③ I'm sorry, ④ I can't see it very well from here." （早稲田大）

(4) ① The whole members of the Girl Scouts went ② in the direction of the river, and most of them started to jump ③ into the river ④ upon ⑤ getting to it. （北里大）

第14章 関係詞①―関係代名詞

これだけはおさえよう

1 who の用法
① 主　格：That is the man **who** wants to see you.
② 所有格：This is the man **whose** son you know well.
③ 目的格：That is the man **whom** you want to see.

2 which の用法
① 主　格：The house **which** stands on the hill is ours.
② 所有格：The building the roof **of which** you see over there is our school.
　　　　　＝The building **whose** roof you see over there is our school.
③ 目的格：This is the temple **which** I have long wanted to visit.

3 that の用法
① 先行詞が人と人以外：She talked of *the boy and the animal* **that** interested her.
② 先行詞に最上級：He is *the tallest* man **that** I have ever seen.
③ 先行詞に強い限定語：He is *the only* friend **that** I have in Tokyo.

4 what の用法
① 主　格：We must do **what** is right.（私たちは正しいことをしなければならない）
② 目的格：I don't believe **what** he says.（彼のいうことを私は信じない）

5 制限用法と継続用法
① 制限用法：I will employ a man **who** is honest.（正直な人を雇います）
② 継続用法：I will employ the man**,** **who** is honest.（その人を雇おう。正直だから）

　注 継続用法には who と which しか使われず,that と what にはこの用法はない。また,継続用法は非制限用法とも呼ばれる。

6 whatever, whichever, whoever の用法
① 名詞節を導く
　▶ I answered **whatever** I was asked.（たずねられたことは何でも答えた）
　▶ Take **whichever** you like.（どちらでも好きなのを取りなさい）
　▶ **Whoever** comes will be welcome.（来る人は誰でも歓迎します）
② 副詞節を導く
　▶ **Whatever** may happen, I'll be OK.（何が起ころうと大丈夫だ）

7 関係代名詞としての as や but など
　▶ He is as great a poet **as** ever lived.（彼ほど偉大な詩人はかつていない）
　▶ There is no rule **but** has exceptions.（例外のない規則はない）

基本問題

解答・解説は別冊 p.21

1 次の各文の( )内から正しいものを1つ選びなさい。 → 1 2 3 4

(1) The president (what, whose, whom) everybody loved was killed.
(2) The book (which, that, whose) cover is green cannot be yours.
ハイレベル (3) He is the only boy in the class (who, whom, that) made no mistakes.
(4) Never put off till tomorrow (which, that, what) you can do today.
ハイレベル (5) Look at the lady and her dog (who, which, that) are coming this way.

ヒント (2) 直後に名詞 cover がある。 (3) the only に注意。 (5) 先行詞は何か。

2 次の各文の( )に適当な関係代名詞を入れなさい。 → 1 2 3 4 5

(1) The boy ( ) you met in the park is my cousin.
(2) I have an American friend ( ) wife is Japanese.
よく出る! (3) We saw a mountain the top of ( ) was covered with snow.
よく出る! (4) ( ) you need now is more knowledge.
ハイレベル (5) Dr. Mori is one of the greatest scientists ( ) Japan has ever produced.
(6) He offered to help her, ( ) she declined.

ヒント (2)「日本人の奥さんを持つアメリカ人の友人」 (3)「山頂が雪でおおわれている山」 (4) 先行詞はない。 (5) 最上級の形容詞がある。 (6) 先行詞は何か。decline「拒否する」

3 次の各組の文を関係代名詞を用いて1文にしなさい。 → 1 2 3 5

(1) { The boy is loved by all.
    He is very honest.
(2) { Here are some books.
    They may interest you.
よく出る! (3) { She was a well-known singer.
    Her voice delighted the whole world.
(4) { I knocked on the door.
    It was opened by a servant.

ヒント (1)「とても正直な少年」となるように。 (2) They は some books を指す。 (4) 意味を考えて,制限用法か継続用法かを判断しよう。

4 次の各文の誤りを訂正しなさい。

(1) I've lost the umbrella which I bought it yesterday.
(2) The house which we live stands on a hill.
(3) The meat what we get from cows is called beef.
(4) This is the village in that the poet was born.
(5) Mr. White, that knew all about the accident, kept silent.

> ヒント (1) 不要なものはないか。 (2) 欠けているものを補う。 (3)「牛から得る肉」 (4) 前置詞に注意。 (5) ここの関係代名詞は継続用法。

5 次の各文に省略できる関係代名詞があれば指摘しなさい。

(1) The man that you spoke of was absent today.
(2) I have no friend with whom I can talk.
(3) Soccer is a sport which he is particularly fond of.
(4) Mr. James, whom they declare to be the noblest man around here, has been poor.

> ヒント (1) 目的格は原則として省略できるが,この that の格は何か。 (2)〈前置詞＋目的格〉
> (4) 目的格であっても省略できない場合があるが？

6 次の各組の文を,意味の違いに注意して和訳しなさい。

(1) ｛(ア) He sent her a picture which would please her.
　　(イ) He sent her a picture, which pleased her.

(2) ｛(ア) There were a few passengers who escaped without serious injury.
　　(イ) There were a few passengers, who escaped without serious injury.

> ヒント (1) 制限用法と継続用法の相違をはっきりさせて訳すこと。please は「喜ばせる」の意味の他動詞。
> (2) passengers「乗客」,serious injury「重傷」

7 次の各文を関係代名詞を用いて英訳しなさい。

(1) 私の家の近くに住む少年たちはバスで通学する。
(2) 私にはその仕事はできない。とても難しいから。
(3) 山田君は東京での私のただ1人の友人です。

> ヒント (2)「その仕事」を先行詞にする。 (3)「ただ1人の～」は the only ～。

応用問題

解答・解説は別冊 p.21

1 次の各文の( )に適当な関係代名詞を入れなさい。

(1) This is the tree in (　　) shade I often played.

よく出る! (2) Do (　　) you think is right.

(3) All is well (　　) ends well.

(4) A man (　　) eyesight is good can be a good baseball player.

(5) (　　) comes to my house first may have my desk.

(6) I was late for the lesson, (　　) made my teacher angry.

> ヒント　(1)「その木陰で遊んだ木」　(2)「正しいと思うこと」　(3)「終わりよければすべてよし」　(4)「視力がよい人」　(5)先行詞にあたるものがない。

2 次の各文の誤りを訂正しなさい。

(1) Where is the man about who you were talking?

ハイレベル (2) This is the same thing which I saw yesterday.

(3) The man whom I believed was my best friend betrayed me.

よく出る! (4) Give the book to whomever wants it.

> ヒント　(3) was の主語が何かを考える。　(4) wants の主語は何か。

3 次の各文を適当な関係代名詞を用いて書きかえなさい。

(1) I have all to tell you.
　　(This is で始めて)

よく出る! (2) I did not have anyone to consult with.

(3) We have two spare rooms upstairs, and neither of them has been used for years.

ハイレベル (4) Who else but you can help him?
　　(You are で始めて)

> ヒント　(1)「これが君に話すべきすべてです」　(2) anyone を先行詞にする。　(3) them を関係代名詞に変えてみよう。　(4)「君以外の誰が彼を助けられるだろうか」

第15章 関係詞②―関係副詞

1 関係副詞の用法

❶「場所」を表す where
- I like to go up the mountain **where** there is some snow.
  (私は雪がある山へ登るのが好きだ)

❷「時」を表す when
- Now is the time **when** we must decide. (今こそ私たちが決心するべき時だ)

❸「理由」を表す why
- That is the reason **why** she burst into tears.
  (それが彼女が泣きだした理由だ〈そういうわけで彼女は泣きだした〉)

❹「方法」を表す how(先行詞は常に省略される)
- This is how the bridge was built.
  (これがその橋がつくられた方法だ〈こんなふうにしてその橋はつくられた〉)

2 制限用法と継続用法

❶ 制限用法
- This is the place **where** I was born. (ここは私が生まれた場所です)

❷ 継続用法(when と where だけにある用法)
- We went to Rome together**,** **where** we parted. (ローマへ一緒に行き、そこで別れた)
  =and there

3 先行詞の省略
- Let's go (to the place) **where** you were born. (君の誕生の地へ行こう)
- April is (the month) **when** school starts in Japan. (日本で4月は学校が始まる月だ)
- This is (the reason) **why** I came here. (これが私がここに来た理由だ)

4 関係副詞の省略
- This is the reason (why) I respect him. (こういうわけで私は彼を尊敬する)
- This is the way [how] I got the job. (こんなふうにして私はその仕事にありついた)
  ※ the way があるとき、how は常に省略される。

5 複合関係副詞
- I will follow you **wherever** you go. (君の行くところどこへでも私はついて行く)
- **Whenever** you may go, you will find him at his desk.
  (あなたがいつ行っても、彼は机に向かっているだろう)
- **However** rich he may be, he cannot get happiness.
  (彼がどんなに金持ちでも、幸福はつかめない)

基本問題

1 次の各文の( )の中から正しいものを1つ選びなさい。

(1) This is the place (which, that, where) we met for the first time.
(2) He doesn't know the day (which, when, where) he was born.
(3) That's the reason (which, what, why) I couldn't call you.
(4) That is the (way, how, where) the accident happened.

ヒント (1)「初めて会った場所」
(3)「電話できなかった理由」
(4)定冠詞に注意。

2 次の各文の( )に適当な関係詞を入れなさい。

(1) Put it back to the place (　　) you found it.
(2) Sunday is the day (　　) I am busiest.
(3) What is the reason (　　) you don't want to see him?
(4) I'd like to know (　　) you solved the problem.
(5) He went to Osaka, (　　) he fell ill.

ヒント (2)「日曜日は私が一番忙しい日です」
(3)「彼に会いたくない理由は何ですか?」
(4)「問題をどう解決したかを知りたいものです」
(5)継続用法。

3 次の各文の誤りを訂正しなさい。

(1) This is the cottage where he lives in.
(2) The day which I arrived here was stormy.
(3) Tell me the reason which you've come so late.
(4) This is the park where is famous for its cherry blossoms.

ヒント (1)前置詞 in の存在が焦点。
(2)先行詞は day。
(3) which をいかすこともできる。
(4) the park は場所を表している先行詞だが,これでよいか。

4 次の各組の文を関係副詞を用いて1文にしなさい。 ➡ **1 2**

(1) ｛We had lunch at a hotel.
　　That is the hotel.

(2) ｛The day was fine but very cold.
　　We started on that day.

(3) ｛We went to the seashore.
　　We found a lot of pretty shells there.

(4) ｛He cannot succeed in anything.
　　The reason for it is evident.

> **ヒント** (1) どちらの文から書き出すかを考える。　(2)「私たちが出発した日はよい天気だったがとても寒かった」　(3) 制限用法と継続用法のどちらを使うか。　(4) it は前文を受けている。

5 次の各組の文がほぼ同じ意味になるように, ( ) 内に適当な語を入れなさい。

よく出る! (1) ｛He accompanied us to any place we went. ➡ **1 4 5**
　　　　　He accompanied us ( ) we went.

(2) ｛What are you looking for the magazine for?
　　Tell me the ( ) ( ) you are looking for the magazine.

よく出る! (3) ｛He invited the girl for a trip in such a way as this.
　　　　　The ( ) he invited the girl for a trip was like this.

> **ヒント** (1)「彼は行く先々へついて来た」
> (2)「どういうわけでその雑誌を捜しているのですか？」
> (3)「彼はこんなふうにしてその少女を旅行に招いた」

6 次の日本文を関係詞を用いて英訳しなさい。 ➡ **1 2 3 4**

(1) 去年の夏に私たちが滞在したホテルは20階建てだった。

よく出る! (2) その百貨店が閉まる時間を教えてください。

(3) 彼が部屋を出て行った理由を誰か知っていますか？

ハイレベル (4) 母の日は5月の第2日曜日で, その日は子どもたちが母親をいたわる。

> **ヒント** (1)「20階建てである」have twenty stories
> (4)「母の日(Mother's Day)」を主語にして,継続用法の関係詞で表現する。

応用問題

解答・解説は別冊 p.22

1 次の各文の( )に最も適当な関係詞を入れなさい。

(1) The hotel ( ) we stayed is near the police station.
(2) I remember the day ( ) we went out for a walk.
(3) I was just about to leave, ( ) he came to see me.
(4) Is that the reason ( ) he refuses?
(5) Sunday is the day on ( ) we go to church.
よく出る! (6) ( ) I call on him, I find him working.

ヒント (3) コンマがあるから継続用法として使っている。先行詞は前文全体となる。 (5) on があることに注意。 (6) 前半は「いつ彼を訪ねても」の意味。

2 次の各組の文を関係副詞を用いて1文にしなさい。

(1) { He was praised for a certain reason.
　　 Do you know the reason? }

(2) { Your master always treats you in some way.
　　 Tell me the way. }

(3) { He will come at some time or other.
　　 No one knows the time. }

ヒント (2)「君の主人はいつも君をあるやり方で扱う」「そのやり方を教えてください」 (3) at some time or other「いずれは」の意味。

3 次の日本文を関係副詞を用いて英訳しなさい。

(1) 彼の乗ったバスが故障した理由には納得できません。
(2) 8月15日は第二次世界大戦の終わった日です。
よく出る! (3) いくら丈夫でも, 常に健康に注意しておくことが大切です。
ハイレベル (4) 私たちは正午まで野球をしたが, その時雨が降り出した。

ヒント (1)「故障する」break down,「~に納得する」convince oneself of ~ (2)「第二次世界大戦」World War II〔the Second World War〕,「終わる」come to an end (3)「いくら丈夫でも」は However で始める。

実戦問題

解答・解説は別冊 p.22

1 次の各文の( )に適当な冠詞(不要ならば×印)を入れなさい。
(1) Do you go to (　　) school by (　　) bicycle?
(2) Will you kindly tell me (　　) way to (　　) hospital?
(3) He drinks (　　) great deal of wine at (　　) supper.
(4) They lived from (　　) hand to (　　) mouth.
(5) Two of (　　) trade seldom agree.

2 次の文の( )内の語を必要に応じて正しい形に直しなさい。
　The high-school (student) got on two (bus). As the buses started to move, some of their (friend) waved their (handkerchief) to them.

3 次の各文の誤りを訂正しなさい。
(1) His daughter is a student of a girl's high school.
(2) Give me good something to read.
(3) The English is not a very difficult language.
(4) Open your books to page the fourth.
(5) Please tell me the way to church.

4 次の各文の( )に最も適当な代名詞を入れなさい。
(1) I think (　　) foolish to try to persuade the girl.
(2) One of the girls left (　　) gloves here.
(3) Is that you, Bob? (　　) is Henry speaking.
(4) There are many oranges. Some are good but the (　　) are bad.
(5) We have some new hats today. This blue (　　) is very nice.

5 次の各文の( )の中から正しいものを選びなさい。
(1) These shoes are not (my, mine) but (her, hers).
(2) What language do (we, you, they) speak in your country?
(3) I don't like white socks. Do you have any red (some, ones, them)?
(4) All (was, are) still in the woods at that time.
(5) (None, No one, Nobody) have climbed the mountain before.

6 次の各文の（　）に適当な関係代名詞を入れなさい。
(1) The boys (　　) work is finished may go out and play.
(2) (　　) I want to know is whether I can trust him.
(3) This is the most difficult book (　　) I have ever read.
(4) We saw the men and horses (　　) were marching rapidly.
(5) There is no one (　　) hopes to be happy.
(6) Choose such friends (　　) will benefit you.

7 次の各文の誤りを訂正しなさい。
(1) This is the park that I often played with the girls.
(2) This is the place where I have long wanted to visit.
(3) I am not such a fool who will believe the rumor.
(4) I will employ whomever is punctual.

8 次の各文の（　）に適当な関係副詞を入れなさい。
(1) A theater is a building (　　) plays are performed.
(2) He came to Japan, (　　) he was naturalized before long.
(3) Do you remember the day (　　) we met for the first time?
(4) Can you tell me the reason (　　) the sky is blue?
(5) (　　) he goes, he makes friends quickly.

9 次の日本文を英訳しなさい。
(1) メアリーは君の友だちですか，それとも君の妹さんの友だちですか？
(2) 私のかさの色は君のとは違う。
(3) 彼らのうち3人が部屋にいて，あとは庭にいる。
(4) 蔵書を持っていることと，それを賢く利用することとは別問題である。

第16章 形容詞節〔句〕/副詞節〔句〕

これだけはおさえよう

1 節と句

❶ **節**：いくつかの語が集まって，全体として1つの品詞の働きをし，その中に〈主語＋動詞〉を含む。節には，**名詞節**，**形容詞節**，**副詞節**がある。

❷ **句**：いくつかの語が集まって，全体として1つの品詞の働きをし，その中に〈主語＋動詞〉を含まない。句には，**名詞句**，**形容詞句**，**副詞句**などがある。

2 形容詞句と形容詞節

❶ **形容詞句は名詞を修飾する。**

　She is sitting on the bench.（**文**：彼女はベンチに座っている）

　the girl **sitting on the bench**（**句**：ベンチに座っている 女の子）

❷ **形容詞節は名詞を修飾する。**

　She is wearing a blue hat.　　　（**文**：彼女は青い帽子をかぶっている）

　the girl **who is wearing a blue hat**（**節**：青い帽子をかぶっている 女の子）

❸ **形容詞節と形容詞句は互いに言い換えられる。**

　the girl **who is sitting on the bench**（形容詞節）

　the girl 　　　**sitting on the bench**（形容詞句）

3 各種の副詞節

❶ **時**（～するとき）

　▶ Let's leave **when** *he comes*.（彼が来たとき出発しよう）

❷ **条件**（～ならば）

　▶ I will not go out **if** *it rains tomorrow*.（あす雨が降れば外出しません）

❸ **理由・原因**（～なので）

　▶ **Because** *I was tired*, I went home soon.（疲れていたので，すぐ帰宅した）

❹ **譲歩**（～だけれども）

　▶ He is rich, **though** *he is young*.（彼は若いけれども金持ちだ）

❺ **様態**（～のように）

　▶ Do **as** *you are told*.（いわれたとおりにしなさい）

❻ **比例**（～につれて）

　▶ **As** *he grew older*, he became weaker.（彼は年をとるにつれて弱っていった）

基本問題

解答・解説は別冊 p.23

1 次の各文の下線部が名詞句, 形容詞句, 副詞句のどれかを区別しなさい。

(1) He wanted to buy the book.
(2) She had many things to do today.
(3) I went to the library to study.
(4) I know the girl playing the piano.
(5) My hobby is collecting stamps.

> ヒント　(1)～(3) 不定詞の用法の区別である。
> (4)(5) 動詞の～ing 形の用法を考える。分詞と動名詞がある。動名詞は名詞句を作る。

2 次の各文の下線部の節を句にしなさい。

(1) I saw a boy who was playing the guitar. 〈よく出る!〉
(2) The books which were written by him are very popular. 〈よく出る!〉
(3) You must turn off the radio before you leave this room.
(4) I will use it after you use it.

> ヒント　(1)(2) 関係代名詞が用いられた形容詞節を,分詞を用いた後置修飾の形容詞句にする。
> (3)(4) 意味を考え,何を省略するかを考える。既出の語句は省略する。
> (3)では主語の you が重複する。この場合,leave をどうするか。
> (4)では,use it が重複する。

3 次の各文を as に注意して和訳しなさい。

(1) She took a walk as she sang merrily.
(2) You should do as I do.
(3) As she grew older, she understood things better.
(4) You should see things as they are.
(5) Tired as he was, he ran as fast as he could.
(6) We could see everything as the door was open.

> ヒント　as が接続詞として用いられる場合には各種の意味があるが,以下の①～⑤をおさえておけばよい。いずれの場合も副詞節を導く。
> ①「～のとき,～しながら」と「時」を表す。
> ②「～だけれども」と「譲歩」を表す。
> ③「～のように」と「様態」を表す。特に as it is [they are]で「ありのままに」という意味になる。
> ④「～につれて」と「比例」を表す。
> ⑤「～なので」と「理由」を表す。

4 次の日本文の意味になるように，空所に適当な語を入れなさい。

(1) 彼が来ても来なくても私は行くつもりだ。
　　Whether he comes (　　　) not, I will go.

(2) 車が出発するかしないかのうちに雨が降り始めた。
　　The car had hardly started (　　　) it began to rain.

(3) 車が出発するかしないかのうちに雨が降り始めた。
　　The car had no (　　　) started than it began to rain.

(4) 彼が何をいおうと彼が悪い。
　　No (　　　) what he says, he is wrong.

(5) 君はいたいだけここにいてよい。
　　You may stay here as (　　　) as you want.

> ヒント　(1) whether の用いられ方に注意。　(2)(3)は同じ意味を表す。
> (4) Whatever he says, he is wrong. の意味。

5 次の各文の下線部の節を句にして，全文を書きかえなさい。

(1) The picnic was put off <u>because it rained</u>.
(2) She studied hard <u>so that she could pass the examination</u>.
(3) She was so tired <u>that she could not run any more</u>.
(4) The book was so difficult <u>that I could not read it</u>.
(5) He was so kind <u>that he helped me</u>.

> ヒント　(1) because of を用いる。　(2)「試験に合格できるように」と「目的」を表す副詞節。
> (3)〜(5) so 〜 that ... 構文の言い換えだが，それぞれにポイントがある。特に(4)の I と it の処理に注意が必要。
> (5)では that 以下が否定文ではない。

6 次の各文の下線部の句を節にして，全文を書きかえなさい。

(1) Please turn off the radio <u>for the baby to sleep well</u>.
(2) Let's go to the park <u>after school</u>.
(3) She could not come to the party <u>because of illness</u>.
(4) The block was too heavy <u>for me to lift</u>.
(5) She was kind <u>enough to help me</u>.

> ヒント　すべて動詞の時制に注意する。　(1)「目的」を表す副詞節にする。
> (2)「放課後」すなわち「学校が終わったあと」。
> (4)(5) so 〜 that ... 構文にするが，that 以下は目的語もある完全な文にすること。

応用問題

1 次の各組の文がほぼ同じ意味になるように，空所に適当な1語を入れなさい。

(1) {It's five years since he went to Paris.
　　Five years (　　) (　　) since he went to Paris.

(2) {I will go there unless it rains.
　　I will go there (　　) it (　　) rain.

(3) {The books are too heavy for her to carry.
　　The books are (　　) heavy that she cannot carry (　　).

(4) {Though he is rich, he is not happy.
　　(　　) (　　) he is, he is not happy.

(5) {Wherever he may go, he will succeed.
　　(　　) (　　) where he may go, he will succeed.

ヒント (1)「5年が過ぎた」の意味にする。 (2)「雨が降らなければ」 (3)最後の空所に入るのは it ではない。 (4)「金持ちだが」 (5)「どこへ行こうと」

2 次の各文の誤りを訂正しなさい。

(1) We will not go on a picnic if it will rain tomorrow.
(2) The boy was enough kind to help the old woman.
(3) As long as I know, the answer is false.
(4) The train stopped because the storm.
(5) I had no sooner entered the hall before the ceremony began.

ヒント (1) if 節中の時制は？ (2) enough の位置は？ (3)「私が知る限り」は as long as I know か？ (4)「あらしのために」の意味だが，because は前置詞か？ (5)「私が講堂に入るか入らないかのうちに式が始まった」の意味だが，no sooner ～ before ... は正しいか？

3 次の各文を和訳しなさい。

(1) I had hardly entered the room when the lights went out.
(2) Take a sweater in case the weather should turn cold.
(3) It was such a nice day that we went on a picnic.
(4) She did not arrive until the concert was over.
(5) Even if we leave right now, we will not arrive there in time.

ヒント それぞれの文のポイントは次のとおり。 (1) hardly ～ when ... (2) in case ～ should ... (3) such ～ that ... (4) not ～ until ... (5) even if ～

第17章 比較

1 比較級・最上級の作り方

① 規則変化をするもの：原級 — -er — -est

　　small — small**er** — small**est**　　large — larg**er** — larg**est**

② more, most を用いるもの：原級 —〈**more**＋原級〉—〈**most**＋原級〉

　　important — **more** important — **most** important

③ 不規則変化をするもの：

　　good〔well〕— **better** — **best**　　many〔much〕— **more** — **most**

2 原級・比較級・最上級の使われ方

〈原　級〉　This car is **as big as** that one.（この車はあの車と同じくらいの大きさだ）

〈比較級〉　This car is **bigger than** that one.（この車はあの車より大きい）

〈最上級〉　This car is **the biggest** in this shop.（この車はこの店の中で一番大きい）

3 原級・比較級・最上級の言い換え

① 同等比較 ↔ 比較級

- This book is **not as** interesting **as** that one.（この本はあの本ほどおもしろくない）
  ＝This book is **less** interesting **than** that one.
  ＝That book is **more** interesting **than** this one.

② 同等比較↔比較級↔最上級

- Mt. Fuji is **the highest** mountain in Japan.（富士山は日本で一番高い山だ）
  ＝Mt. Fuji is **higher than any other** mountain in Japan.
  ＝**No other** mountain in Japan is **as**〔**so**〕**high as** Mt. Fuji.
  ＝**No other** mountain in Japan is **higher than** Mt. Fuji.

- I have **never** read **such** an interesting book **as** this.（これは今まで読んだ中で一番面白い本だ）
  ＝I have **never** read a **more interesting** book **than** this.
  ＝This is **the most interesting** book that I **have ever** read.

4 その他の重要表現

- This car is **much** *bigger* than that one.（この車はあの車よりずっと大きい）
- This pencil is *three* **times as** long **as** that one.（この鉛筆はあれよりも3倍長い）
- He is **not so much** a teacher **as** a scholar.（彼は教師というよりもむしろ学者だ）
- **The sooner, the better**.（早ければ早いほどよい）
- A whale is **no more** a fish **than** a horse (is).（クジラは馬と同様に魚ではない）

基本問題

解答・解説は別冊 p.25

1 次の各文の（　）内の語を必要に応じて適当な形に変えなさい。

(1) It is (hot) in Japan than in England.
(2) English is one of (important) languages in the world.
(3) This doll is as (big) as that one.
(4) This dog is (pretty) than that one.
(5) Betty walks (slowly) of us all.

ヒント (1) than があるので比較級がくる。hot の変化にも注意。 (2) one of と in the world に注目。適当な冠詞も必要。 (3) as ～ as に注目。 (4) than があるので比較級がくる。pretty の変化に注意。 (5) of us all に注目。slowly の変化に注意。

2 次の各文の（　）内の語を適当な形に変えなさい。

(1) He speaks Japanese (well) than she.
(2) Kate has (many) books than Jane.
(3) Jack arrived (late) than usual.
(4) John has (little) money than Ken.
ハイレベル (5) The patient looks (ill) today than yesterday.

ヒント (3)以外はすべて不規則変化する。 (3)「時間」を表す late。

3 次の日本文の意味になるように，（　）内の語を並べかえなさい。

よく出る! (1) この本はあの本の3倍の価格だ。
　　(expensive, three, book, as, times, as, that, one, is, this).
よく出る! (2) 彼はクラスの男子で一番速く走る。
　　(runs, other, he, than, boy, his, faster, any, class, in).
よく出る! (3) 私は今まで，こんなに面白い映画は見たことがない。
　　(amusing, that, seen, movie, is, the, have, I, most, this, ever).
(4) 奈良は日本で最も古い都市の1つだ。
　　(oldest, Nara, one, the, in, of, Japan, is, cities).
(5) 大阪は日本で3番目に大きい都市だ。
　　(Osaka, largest, Japan, the, city, in, is, third).

ヒント (1)「3倍」の表現は？ (2)与えられた日本語では最上級だが，ここでは比較級で表現する。 (3)日本語では否定的表現だが，英語では肯定的表現になる。 (4)「～の1つ」の表現を思い出そう。 (5)「3番目」をどこに置くか。

4 次の各組の文がほぼ同じ意味になるように，空所に適当な1語を入れなさい。

(1) {He is not so old as I.
　　I am (　　　) than he.

よく出る! (2) {He ran as fast as possible.
　　　He ran as fast as he (　　　).

(3) {Kate is senior to me.
　　Kate is (　　　) than I.

(4) {He is not anxious about you at all.
　　He is not in the (　　　) anxious about you.

よく出る! (5) {She has at least ten thousand yen.
　　　She has not (　　　) than ten thousand yen.

よく出る! (6) {This box is twice as large as that one.
　　　That box is (　　　) as large as this one.

ヒント (2)時制にも注意。 (3)「年上」の意味。 (4)「まったく〜ない」の意味。 (5)「少なくとも」の意味。

5 次の各文を指示に従って書きかえなさい。

(1) He is the tallest boy in his class.
　(ア) He を主語にして，比較級を用いて。
　(イ) No を文頭に置いて，原級を用いて。

よく出る! (2) Time is the most important.
　(ア) Nothing を主語にして，原級を用いて。
　(イ) Time を主語にして，比較級を用いて。

よく出る! (3) I have never seen such a pretty flower as this.
　(ア) I を主語にして，比較級を用いて。
　(イ) This を主語にして，最上級を用いて。

(4) He is the greatest writer that ever lived.
　(ア) He を主語にして，比較級を用いて。
　(イ) He を主語にして，原級を用いて。

ヒント (1)(イ) No 〜 as〔so〕... as — を用いる。
　　　(2)(ア) Nothing is as〔so〕... as — を用いる。
　　　(3)(イ)「これは今まで私が見た中で最も美しい花だ」の意味にする。

応用問題

解答・解説は別冊 p.25

1 次の日本文の意味になるように，空所に適当な１語を入れなさい。

(1) 彼はジャックより年上だ。
   He is senior (　　) Jack.

(2) 彼女は姉と同様に美しい。
   She is no (　　) beautiful than her sister.

(3) まさか彼女にそのパーティで会うとは思わなかった。
   She was the (　　) person I had expected to see at the party.

(4) あの映画はずば抜けて一番面白かった。
   That movie was by (　　) the most amusing.

(5) 彼は作家というよりもむしろ詩人だ。
   He is not so (　　) a writer as a poet.

ヒント (1) -or で終わる語には than を用いない。 (2)「姉に負けず劣らず美しい」の意味。 (4) 最上級を強める表現は？

2 次の各文の誤りを訂正しなさい。

(1) He is taller than any other boys in this class.
(2) She is very younger than he.
(3) The population of Tokyo is larger than Osaka.
(4) Which do you like better, lemons, oranges, or bananas?
(5) This box is as twice large as that one.

ヒント (1)〈比較級 +than any other〉の次は？ (2)「彼よりもずっと若い」の意味にするには？ (3) 何と何を比較しているかを考える。 (4) いくつからの選択かを考える。 (5)「2 倍の大きさ」にするには？

3 次の各文を和訳しなさい。

(1) The best student in the class cannot solve this problem.
(2) He knows better than to believe such a man.
(3) I like her all the better for her faults.
(4) She likes poems, much more novels.
(5) The more you have, the more you want.

ヒント (1) この最上級をどう訳すかがポイント。 (2) know better than to ～ の訳し方。 (3) all the better for で決まり文句。 (4) much more の意味は？ (5)〈the+ 比較級～, the+ 比較級 ...〉の訳し方は？

第18章 前置詞と接続詞

> これだけは
> おさえよう

1 前置詞と接続詞

❶ 前置詞：うしろに名詞または名詞相当語句(動名詞など)がくる。

- ▶ It has been raining **since** *yesterday*. (きのうから雨が降り続いている)
- ▶ I am looking forward **to** *seeing* you. (あなたに会えるのを楽しみにしています)

❷ 接続詞：語と語,句と句,節と節を結びつける働きをする。対等な関係で結ぶ**等位接続詞**と, 主従関係で結ぶ**従属接続詞**がある。

2 重文と複文

❶ 重文：**等位接続詞**(and, but, or, for など)で結ばれた文

- ▶ He had two sons, **and** they became doctors.

  (彼には2人の息子がいたが,2人とも医者になった)

❷ 複文：**従属接続詞**で結ばれた文(名詞節・形容詞節・副詞節を含む文)

名 詞 節：I know **that** *she is kind*. (私は彼女が親切だということを知っている)

形容詞節：I know a girl **who** *is kind*. (私は親切な女の子を知っている)

副 詞 節：I will go there **if** *it is fine tomorrow*. (私は晴れればそこに行くつもりだ)

3 前置詞

❶ 働き：副詞句[動詞を修飾]および形容詞句[名詞を修飾]を作る。

〈副 詞 句〉The boy walked <u>**in** the park</u>. (その少年は公園を散歩した)
　　　　　　　　　　　　└─動詞を修飾

〈形容詞句〉The boy <u>**in** the park</u> is Ken. (公園にいるその少年はケンです)
　　　　　　　　　　└─名詞を修飾

❷ 意味・用法

〈時〉　　I was born **on** the 27th of February **in** 1990. (私は1990年2月27日に生まれた)

〈場所〉　They live **in** Nagoya. (彼らは名古屋に住んでいる)

〈原因・理由〉He is famous **for** his books. (彼は彼の著書で有名だ)

〈目的〉　We go **for** a walk every morning. (私たちは毎朝散歩に出かける)

〈手段〉　They went to school **by** bus. (彼らはバスで通学した)

　＊その他,〈材料〉を表す **of**,〈関連〉を表す **about**,〈出所〉を表す **from** などがある。

❸ 二重前置詞と群前置詞

- ▶ A man came out <u>**from behind**</u> the tree. (ある男が木のうしろから出てきた)
  　　　　　　　　　　二重前置詞
- ▶ I will go <u>**instead of**</u> him. (私が彼の代わりに行きます)
  　　　　　　　群前置詞

❹ うしろに名詞がない前置詞の用法

- ▶ What are you looking **at**? (君は何を見ているのですか?)
- ▶ This is the house he lives **in**. (これが彼の住んでいる家だ)

基本問題

1 次の各文の下線部が接続詞か前置詞かを区別しなさい。

(1) I have not seen her since 1985.
(2) She always calls me before she comes and sees me.
(3) She came home after lunch.
(4) I have known him since I was ten.
(5) I am looking forward to meeting you at the party.

ヒント 接続詞ならば次に〈主語＋動詞〉が続く。前置詞ならば名詞,代名詞,動名詞が続く。
(1)(4) 完了形に用いられる since は,単独で「以来」の意味で副詞として用いる用法と,since の次に開始の時を続けて「～以来」の意味の前置詞としての用法と,次に「…が～してから〔以来〕」という文を続ける接続詞としての用法がある。
(2)(3) after や before も since と同じ考え方をする。
(5) look forward to の次に meeting と動名詞が続くことから考えればよい。

2 次の各文が重文か複文かを答えなさい。

(1) The boy who is reading under the tree is my brother.
(2) She had two daughters, and they became nurses.
(3) I know that she is ill.
(4) I will wait for you until you come back.
(5) He had a slight fever, but he came to the party.
(6) Hurry up, or you will be late for school.

ヒント (1) who ～ tree は関係代名詞の節。
(3) ここでの that は「～ということ」の意味。

3 次の各文の下線部が修飾している語句を指摘しなさい。

(1) The dog ran in the park.
(2) The dog in the park was very cute.
(3) Write your name on the blackboard.
(4) The window of the house was broken.
(5) He played tennis with Mary.

ヒント 文意はそれぞれ次のとおり。 (1)「その犬は公園を走った」
(2)「公園にいた犬はとてもかわいかった」
(3)「黒板にあなたの名前を書きなさい」
(4)「その家の窓は割れていた」
(5)「彼はメアリーとテニスをした」

4 次の各文の空所に適当な前置詞を入れなさい。

(1) I usually take my lunch (　　　) noon.
(2) My parents live (　　　) Hiroshima.
(3) Japan is famous (　　　) Mt. Fuji.
(4) You must finish the work (　　　) tomorrow.
(5) His family stayed in Hawaii (　　　) the summer vacation.
(6) Nagoya is (　　　) Tokyo and Osaka.

> ヒント　(1)「正午に」の意味にする。　(2)「広島に住んでいる」の意味にする。　(3) 文意は「日本は富士山で有名である」。
> (4)「あすまでに終わらせる」の意味にする。　(5)「夏休み中」の意味にする。　(6)「東京と大阪の間」の意味にする。

5 次の日本文に合うように, 空所に適当な1語を入れなさい。

(1) ネコがテーブルの下から出てきた。
　　A cat came out from (　　　) the table.
(2) この3つの中から1つを選びなさい。
　　Choose one from (　　　) these three.
(3) ドアのうしろから出てきなさい。
　　Come out from (　　　) the door.

> ヒント　二重前置詞の文である。(1)〜(3)ともすべて「〜から」の意味は共通なので,それ以外の部分で考える。
> (1)「〜の下」の意味になる前置詞を考える。
> (2)「〜の中」という意味だが,these three があるので「3つの中」という意味を表す前置詞を考える。
> (3)「ドアのうしろ」という意味になる前置詞は？

6 次の各文の下線部(前置詞)の次に本来あるべき文中の語句を答えなさい。

(1) What have you been looking <u>for</u>?
(2) This is the house she lived <u>in</u> ten years ago.
(3) Lend me something to write <u>with</u>.
(4) She was laughed <u>at</u> by all the people there.
(5) What were you talking <u>about</u> with him?

> ヒント　(1)「何を探しているのですか?」が文意。
> (2)「これは彼女が10年前に住んでいた家だ」が文意。どこに住んでいたのかを考える。
> (3)「何か書くものを貸してください」が文意。
> (4)「彼女はそこにいたすべての人に笑われた」が文意。
> (5)「あなたは彼と何について話していたのですか?」が文意。

応用問題

解答・解説は別冊 p.27

1 次の各文の空所に入る適当な前置詞を選びなさい。 ➡ 3

(1) (　　) the next few days we will finish the work.
　　1. Whenever　2. Between　3. Within　4. At

(2) They worked on the building (　　) a very long time.
　　1. in　2. on　3. since　4. for

よく出る! (3) John will be able to do it (　　) his vacation.
　　1. while　2. at　3. since　4. during

よく出る! (4) He came to see me (　　) the morning of May 1.
　　1. in　2. on　3. for　4. of

　ヒント　(1)「これから数日以内に」の意味。(2)「とても長い間」の意味。(3)「休暇中に」の意味。(4)「5月1日の朝に」の意味。

2 次の日本文に合うように，空所に適当な1語を入れなさい。 ➡ 3

(1) 日本では，学校は4月から始まる。
　　In Japan, school begins (　　) April.

よく出る! (2) 彼は自分の車で会社に通う。
　　He goes to the office (　　) his car.

よく出る! (3) ワインはブドウから作られる。
　　Wine is made (　　) grapes.

(4) きのうからずっと雨が降っている。
　　It has been raining (　　) yesterday.

　ヒント　(1)「4月に始まる」と考える。
　　　　　(2) 単に「車で」ならば by car であるが。
　　　　　(3)「～から(作られる)」を表す前置詞は原材料と製品の関係で決まる。
　　　　　(4) 完了形で用いる「～から」は from ではない。

3 次の日本文に合うように，(　　)内の語を並べかえなさい。 ➡ 3

ハイレベル (1) 彼の援助は，私には何の役にも立たないだろう。
　　(his, to, use, help, be, of, me, no, will).

(2) 彼は英語の勉強をするためにアメリカに行った。
　　(purpose, he, to, of, English, America, for, went, studying, the).

　ヒント　(1)「役に立たない」は1語なら useless で表せる。
　　　　　(2)「～するために」という表現をどうするか。

実戦問題

1 次の各文の空所に入る適当なものを選びなさい。

(1) He works (　　) harder than his brother.
① very　② so　③ much　④ that

(2) I'll go for a walk if the weather (　　) fine this afternoon.
① is　② will be　③ was　④ has been

(3) Whether you like it (　　) not, you have to do your work.
① and　② but　③ nor　④ or

(4) School begins (　　) eight.
① from　② in　③ at　④ for

(5) You have to do your homework (　　) tomorrow.
① by　② until　③ for　④ at

(6) According (　　) the newspaper, he won first prize in the speech contest.
① as　② for　③ to　④ with

(7) Sara : Is she younger or prettier than me?
Tom : No.
Sara : Well then, what does she have (　　) I don't have?
① what　② whom　③ such　④ that

(8) Vocabulary is to the mind (　　) a high-powered engine is to a car.
① whereas　② while　③ what　④ that

(9) I was very happy (　　) I saw her again.
① when　② if　③ to　④ which

(10) You can go anywhere you wish, (　　) you get back before dark.
① as early as　② as long as　③ as far as　④ as much as

(11) John is (　　) cleverer than Tom.
① less　② very　③ much　④ more

(12) The hotel gave me a luxury room (　　) the ordinary one I had booked.
① in case of　② for example　③ instead of　④ owing to

(13) At this high-class restaurant, they won't let anyone in (　　) they wear a formal dress or suit.
① despite　② if　③ unless　④ without

2 次の各組の文がほぼ同じ意味になるように，空所に適当な1語を入れなさい。

(1) { This car is not so expensive as that one.
    That car is (　　　) expensive than this one.

(2) { If it doesn't rain, he will come.
    (　　　) it (　　　), he will come.

(3) { What he says and does is of no importance.
    What he says and does is not (　　　).

(4) { That box is twice as big as this one.
    This box is (　　　) as big as that one.

(5) { It has been three years since he went to America.
    (　　　) (　　　) have passed since he went to America.

(6) { Whatever you do, you should do your best.
    (　　　) (　　　) what you do, you should do your best.

(7) { She was so tired that she could not get up early.
    She was too tired (　　　) get up early.

(8) { Though it rained, we went for a walk.
    (　　　) (　　　) of the rain, we went for a walk.

(9) { Hurry up, or you will be late for school.
    (　　　) you do not hurry up, you will be late for school.

(10) { If you come to my office, I will give it to you.
     Come to my office, (　　　) I will give it to you.

3 次の各文の誤りを訂正しなさい。
(1) He runs faster than any other boys in his class.
(2) He is enough kind to help the children.
(3) He went to the museum by a taxi.
(4) We took a walk in the fine morning.
(5) It was so a fine day that we went on a picnic.
(6) He is senior than I.

第19章 名詞節

1 名詞節の作り方

❶ 平叙文を **that** で導くと**名詞節**になる。この that は省略可能。

     He is young. (彼は若い)

 ▶ I know **that** *he is young*. (彼が若いということを私は知っている)

❷ Yes - No で答える疑問文を〈**if**(**whether**)＋平叙文の語順〉にすると**名詞節**になる。

     Is he young? (彼は若いですか？)

 ▶ I know **if** *he is young*. (彼が若いかどうかを私は知っている)

❸ 疑問詞で始まる疑問文を〈**疑問詞＋平叙文の語順**〉にすると**名詞節**になる。

     What did he buy? (彼は何を買いましたか？)

 ▶ I know **what** *he bought*. (彼が何を買ったかを私は知っている)

2 Do you know と Do you think に続く名詞節

❶ 平叙文はどちらにもつなげることができる。

 ▶ Do you know **that** *he is young*? (彼が若いということを知っていますか？)

 ▶ Do you think **that** *he is young*? (彼が若いと思いますか？)

❷ Yes - No で答える疑問文は, Do you know の方しかつなげることができない。

 ▶ Do you know **if** *he is young*? (彼が若いかどうかを知っていますか？)

❸ 疑問詞で始まる疑問文は, つなげ方が異なる。

 ▶ Do you know **what** *he bought*?

  (彼が何を買ったのかを知っていますか？)

  注 Do you know ～の方は, 意味内容的に疑問文全体が Yes - No で答える疑問文になるので, **疑問詞を文頭に置かない**。

 ▶ **What** do you think *he bought*? (彼が何を買ったと思いますか？)

  注 Do you think ～の方は, 意味内容的に疑問詞の部分をたずねる疑問文になるので, **疑問詞を文頭に置かなければならない**。

3 接続詞 that の省略：that 節が等位接続された場合, 2つ目以後は省略不可。

 ▶ He told us (**that**) time was up and **that** we had to stop writing.

  (彼は私たちに, 時間がきたと言い, さらに書くのを止めなさい, と言った)

4 同格を導く that 節

 ▶ The news **that** *she died* is not true.

  (彼女が死んだという知らせは真実ではない)

基本問題

解答・解説は別冊 p.28

1 次の各文の下線部が名詞節のものを選びなさい。

(1) I did not know <u>that he helped the old woman</u>.

(2) <u>If there is a hotel around here</u>, I will stay there.

(3) She does not know the boy <u>whom you met yesterday</u>.

(4) I want to know <u>if there is a hotel around here</u>.

(5) We do not know <u>whom you met yesterday</u>.

(6) He was so kind <u>that he helped the old woman</u>.

ヒント (1)(6)は that 節。(1) know の次に続く。(6) 直前の so に注目。
(2)(4)は if 節。(2) if 節が文頭にあることに注意。コンマもある。(4) know の次に続く。
(3)(5)は whom が導く節。(3) the boy という先行詞がある。(5) know の次に続く。

2 ( )内の文を下線部に入れて全文を書き換えなさい。

(1) (He was ill.)

I didn't know _____

(2) (Will you go there?)

She knows _____

(3) (What did you buy yesterday?)

He wants to know _____

(4) (Where did he go yesterday?)

Do you know _____

(5) (Where did he go yesterday?)

_____ do you think _____

ヒント (4)(5) Do you know と do you think の違いを考える。

3 次の日本文の意味になるように, ( )内の語を並べかえなさい。

(1) 彼が昨日ここに来たことを知っています。

(came, he, here, I, know, that, yesterday).

(2) 彼が昨日遅刻したかどうかを知っていますか?

(do, he, if, know, late, was, yesterday, you)?

(3) 彼がいつそこに行ったと思いますか?

(do, he, there, think, went, when, you)?

ヒント (2)「〜かどうか」は if を用いる。(3) 全体は Yes-No で答えられない。

4 次の日本文の意味になるように，英文の誤りを訂正しなさい。

(1) 彼がなぜそれを買ったのかわからない。
I do not know why he bought it?

(2) 彼がハワイに何回行ったと思いますか？
Do you think how many times he has been to Hawaii?

(3) 問題は，どうやってそれを行うのかである。
The problem is how can we do it.

> ヒント　(1) 全体は疑問文か？　(2) 全体は Yes-No で答えられるか？
> (3) how 以下の語順は正しいか？

5 次の各組の英文を意味の違いに注意して和訳しなさい。

(1) 　(ア) The fact that he told me is known to everybody.
　　(イ) The fact that he told me the secret is known to everybody.

(2) 　(ア) I will ask him what he bought at the shop.
　　(イ) This is what he bought at the shop.

(3) 　(ア) I will give this to him if he will do it without any help.
　　(イ) I don't know if he will do it without any help.

> ヒント　(1) that 節の中をよく見よう。　(2) what の意味・用法が異なる。
> (3)(ア)の文の if 以下に will があることに注意。これは名詞節になるか。

6 次の各文を和訳しなさい。

(1) He had a feeling that the dream might come true.

(2) The fact is that he is married.

(3) It is true that he was a little late.

(4) I think it natural that he should say so.

> ヒント　(1) feeling that の that は何か？
> (4) it natural は〈目的語＋目的格補語〉。

応用問題

解答・解説は別冊 p.28

1 次の各文の誤りを訂正しなさい。 ➡ 1 2 4

(1) I know what did you watch yesterday.

(2) Do you think what he wants to buy?

よく出る! (3) The fact which he came here was known to everyone.

> **ヒント** (1) what 以下の語順は？ (2) 全体は Yes-No で答える疑問文か。
> (3) この which は何か？

2 次の各文の下線部を，もとの文に戻しなさい。 ➡ 1 2

(1) I know <u>that he is ill</u>.

(2) Do you know <u>when she was born</u>?

(3) I don't care <u>if she will come to the party</u>.

(4) <u>Who</u> do you think <u>met John yesterday</u>?

> **ヒント** (2) 疑問詞で始まる。 (3) if なのでもとの文の形は？ (4) 疑問詞から始まるが，その疑問詞が主語である。

3 次の各文の下線部の that が省略できるかどうかを答えなさい。 ➡ 3

(1) I know <u>that</u> he is a famous musician.

(2) He said <u>that</u> there was an urgent business and <u>that</u> he had to do it quickly.

(3) I know <u>that</u> boy is the tallest in his class.

(4) I know <u>that</u> boys will be boys.

> **ヒント** (1)〜(4) それぞれの that が，名詞節を導く that かどうかを考える。 (2)は要注意。

4 次の各文を和訳しなさい。 ➡ 1 2

(1) Why do you suppose he came here?

(2) Do you know how old he is?

よく出る! (3) I don't know whether he likes it or not.

> **ヒント** (1) do you suppose は do you think と同じ働き。
> (3) whether 〜 or not も Yes-No で答える疑問文を名詞節にしたもの。

大学入試レベルにチャレンジ

解答・解説は別冊 p.29

1 次の英文の( )内に入る最も適切なものを，1つずつ選びなさい。

(1) Once electric vehicles have traveled 160 kilometers or so, the battery needs recharging, (　　) can take some eight hours.
　① it　　② this　　③ what　　④ which　　（関西学院大）

(2) (　　) the fact that there was little rain, people wasted lots of water.
　① Because　② Despite　③ In spite　④ Spite　（大阪経済大）

(3) The Japan national team is scheduled to arrive (　　) just over two hours.
　① after　　② at　　③ for　　④ in　　（中央大）

(4) Does a shower always use (　　) water than a bath?
　① little　　② less　　③ small　　④ least　　（上智大）

(5) Mr. Andrew said that he had missed his 5 o'clock flight (　　) the traffic jams, and so would not be arriving in Los Angeles till the next morning.
　① due to　② for　③ with　④ caused by　（立教大）

(6) I've never met him but (　　) I've heard, he's supposed to be as charming as he is deceptive.
　① from which　② from what　③ on which　④ about how　（慶應大）

(7) Bill Gates has decreased its shareholdings over the last two years to fund charitable causes that include improving health care (　　) regions of the world.
　① to more developing　　② about more developed
　③ on less developing　　④ in less developed　（慶應大）

(8) At the end of the story, (　　) the two princes was chosen to marry the princess.
　① more honest than　　② the more honest of
　③ as honest as　　④ no more honest than　（獨協大）

(9) What everyone hates most about driving in big cities is the time (　　) to find a parking space.
　① it makes　② that makes　③ it takes　④ that takes　（センター試験）

(10) My sister is in the front row in the picture. She is the one (　　) in her hands.
　① of everything　　② of some things
　③ with anything　　④ with nothing　（センター試験）

2 次の日本語に合うように，( )内の語句を並べかえて英文を完成させなさい。

(1) 彼女は昨夜寝たベッドは実に快適だったと言っていた。

She said that (last night, the bed, in which, was, slept, she) really comfortable. 　　　　　　　　　　　　　　　　　　　　　　　　　　　　(東洋大)

(2) 私たちは，食器棚が地震で倒れないように壁に固定した。

We attached the (cupboard, fall, it, over, so, that, the, to, wall, wouldn't) during an earthquake. 　　　　　　　　　　　　　　　　(青山学院大)

(3) 出席者の少なくとも5名がその提案に反対した。

No (five, less, of, present, than, those, were) against the proposal. 　　　　　　　　　　　　　　　　　　　　　　　　　　　　(立命館大)

(4) その科学者は，実験室でどのように実験を行うべきか詳細に説明した。

The scientist went (about, detail, into, precise, should, the experiment, the way) be conducted in the laboratory. 　　　　(立命館大)

(5) 皆が私と一緒に笑っているのを見て，初めて自分のジョークがどんなに面白かったのかに気づいた。

It (everyone, not, humorous, I saw, laughing with, how, me, that I realized, until, was) my joke had been. 　　　　　　　　　　(北里大)

3 次の文中の＿＿部に与えられた語句を並べかえて文を完成するとき，A，B に入れるのに適当なものを選び，番号で答えなさい。 　　　　　　　　　　　　(センター試験)

(1) Even light smokers ＿＿ A ＿＿ B ＿＿ than non-smokers.
　① of　② developing　③ run　④ a higher risk　⑤ lung cancer

(2) You ordered lemon tea at a restaurant, but your server brought you tea with milk instead. To be polite, you could say:
This ＿＿ A ＿＿ ＿＿ B ＿＿ .
　① asked　② for　③ I　④ is　⑤ not exactly　⑥ what

(3) You were prepared to pay 50,000 yen for something, but the price asked was 25,000 yen. You could express your feeling by saying:
Really? That's great! That's ＿＿ A ＿＿ ＿＿ B ＿＿ .
　① expecting　② half of　③ to pay　④ we　⑤ were　⑥ what

第20章 話法

1 時制の一致

❶ 基本的に**主節**の動詞が**過去時制**のときは，**従属節**の動詞も**過去形**，**過去完了形**にする。対応する日本語訳にも注意する。

- I *know* that she **is** ill.(彼女が病気であることを知っている)
- I *know* that she **was** ill.(彼女が病気だったことを知っている)
- I *knew* that she **was** ill.(彼女が病気であることを知っていた)
- I *knew* that she **had been** ill.(彼女が病気だったことを知っていた)

❷ 時制の一致の例外

(a) **不変の真理，一般的事実** ➡ 従属節は常に現在形
- I *knew* that the earth **is** round.(地球が丸いということを知っていた)

(b) **歴史的事実** ➡ 従属節は常に過去形
- I *knew* that Columbus **reached** America in 1492.(アメリカに到達したことを知っていた)

2 話法の転換（直接話法→間接話法）

❶ say to ＋人 , "〜"
- 平叙文：tell ＋人（＋ that）〜
- Yes - No で答える疑問文：ask ＋人＋ if〔whether〕〜
- 疑問詞のある疑問文：ask ＋人＋疑問詞 〜
- 命令文：tell ＋人＋ to ＋動詞の原形
- 〈**Please** 〜〉：ask ＋人＋ to ＋動詞の原形
- 〈**Don't** 〜〉：tell ＋人＋ not to ＋動詞の原形
- 〈**Let's** 〜〉：suggest〔propose〕to ＋ 人 ＋ that we〔they〕(should)〜
- 〈—, and〔but〕...〉：tell ＋人＋ that — and〔but〕that ...

❷ say, "感嘆文！"：〈say〔cry〕＋感嘆文の語順〔that ＋平叙文（very を入れる）〕〉

❸ say, "祈願文．"：〈pray that ＋平叙文の語順〉

❹ 人称の変化：He said to her, "**I** love **you**." → He told her that **he** loved **her**.

❺ 時制の一致：伝達動詞が過去形ならば，原則として被伝達文の動詞に時制の一致が起こる。

❻ 時・場所などの副詞句や指示語の変化の例（直接話法 → 間接話法）

this → that　　these → those　　here → there　　now → then
today → that day　　tomorrow → (the) next day / the following day
yesterday → the day before / the previous day　　〜 ago → 〜 before

基本問題

解答・解説は別冊 p.29

1 次の各文の下線部の動詞を過去形にして全文を書きかえなさい。 ➡ **1**

(1) I know that she is a teacher.

(2) I do not know if he will come.

(3) He says that he has just reached Tokyo Station.

(4) I think that he broke the window.

よく出る! (5) He asks me what I was doing.

(6) She runs as fast as she can.

よく出る! (7) We learn that World War II ended in 1945.

> **ヒント** (2) will が過去形になる。 (3)(4) 従属節の動詞は過去完了形になる。 (5) 従属節の動詞は過去完了進行形になる。
> (7) 時制の一致を受けない。

2 次の各文を和訳しなさい。 ➡ **1**

(1) I knew that he was a doctor.

(2) I did not know if you would come.

(3) She said that she had just reached the place.

(4) I thought that he had broken the window.

(5) He asked her what she had been eating.

(6) We ran as fast as we could.

よく出る! (7) He learned that World War II ended in 1945.

> **ヒント** (1)〜(6) 従属節中の動詞が時制の一致を受けている場合,主節の動詞の時制と同じ時制ならば,従属節の日本語訳は現在形にする。 (7) 時制の一致の例外なので,主節の動詞の時制と従属節が同じ時制だが,従属節は過去形で訳す。

3 次の各文を間接話法にしなさい。 ➡ **2**

(1) He said, "I want to read the book."

(2) She said to me, "I know your brother."

(3) He said to her, "Are you busy?"

(4) The teacher said to us, "Be quiet."

(5) Mother said to me, "When will you be back?"

> **ヒント** 〈直接話法→間接話法〉の書きかえで注意すべきことは次の3つである。① 伝達内容によって伝達動詞が変わる。② 被伝達文の動詞の時制の一致を考える。③ 被伝達文の人称代名詞は話者の立場から見たものに変え,時や場所を表す副詞(句)を適当なものに変える。

4 次の各文の話法を直接話法にしなさい。

(1) She said that she was a student.
(2) He said that he had built the house.
(3) She asked him why he thought so.
(4) John asked me if I had studied hard.
(5) I told him to go out of the room.

> ヒント 〈間接話法→直接話法〉の書きかえの手順:① 従属節の時制をもとにもどす。② 人称代名詞をもとにもどす。③ 伝達動詞や,伝達に用いられている接続詞から,伝達内容を考える。

5 次の各組の文がほぼ同じ意味になるように,空所に適当な1語を入れなさい。

(1) ｛ My mother said to me, "Don't make a noise."
　　My mother told me (　　) (　　) make a noise.

(2) ｛ She said to me, "I called you yesterday."
　　She told me that she had called me (　　) (　　) (　　).

(3) ｛ She said to me, "Are you happy now?"
　　She asked me (　　) I was happy (　　).

(4) ｛ She said to him, "Please open the door."
　　She (　　) him (　　) open the door.

(5) ｛ He said to me, "I found the book here."
　　He told me that (　　) had found the book there.

(6) ｛ My mother asked me to take care of myself.
　　My mother said to me, "(　　) take care of (　　)."

(7) ｛ The doctor advised me not to smoke.
　　The doctor (　　) to me, "(　　) smoke."

(8) ｛ He said that she was sleeping then.
　　He said, "She (　　) sleeping (　　)."

(9) ｛ She asked me if I would be free the next day.
　　She said to me, "(　　) you be free (　　)?"

> ヒント (1) 否定命令文の処理をどうするか。 (2)「その前日」の意味の語句が入る。 (3) 疑問文の接続方法と now をどう変えるか。 (4) Please の意味は,伝達動詞に込める。 (5) 被伝達文の I とは誰のことか。
> (6)〈ask＋人＋to do〉の形から被伝達文の形式を考える。 (7) not to do のもとの形は何か。 (8) then がどう変わるか。 (9) 接続詞 if から伝達内容の形式を考える。the next day のもとの形は何か。

応用問題

1 次の各文を間接話法にしなさい。

(1) He said to me yesterday, "I will call you tomorrow."
(2) He said to me, "Let's take a drive to the lake."
(3) Mother said, "How pretty the dolls are!"
(4) They said, "May God save the Queen."
(5) She said to him, "You are late. What have you been doing?"
(6) The teacher said to us, "The earth goes around the sun."

> **ヒント** (1)主節のyesterdayから被伝達文のtomorrowとは「きょう」のことであるとわかる。 (2)被伝達文がLet's～の文。 (3)被伝達文が感嘆文。 (4)被伝達文が祈願文。 (5)被伝達文が形式の異なった2つの文である。 (6)被伝達文が不変の真理。

2 次の日本文を間接話法で英訳しなさい。

(1) 「君は英語が好きですか」と彼は私にたずねた。
(2) 「これはなんと面白い本だろう」と弟がいった。
(3) 「宿題を手伝ってください」と私は彼に頼んだ。
(4) 【よく出る!】「きのうどこにいたの？」と彼は私にたずねた。
(5) 【よく出る!】「君は今何がほしいのかい？」と彼は彼女にたずねた。

> **ヒント** (1) Yes - Noで答える疑問文の伝達。 (2)感嘆文の伝達。 (3)被伝達文は依頼の意味をもつ。「宿題を手伝う」は〈help＋人＋with＋人's homework〉を用いる。 (4)被伝達文は疑問詞を用いた疑問文である。「きのう」はどう表現したらよいか考える。 (5)被伝達文は疑問詞を用いた疑問文である。「今」は過去の文で間接話法にするとnowではなくなる。

3 次の直接話法の文を、例にならって以下の条件で書きかえなさい。

He said to me, "I found this book here today."

(例)「彼が話した日」、「その本を見つけた場所」で「その本」を持って。

　　He told me that he had found this book here today.

(1) 「彼が話した日」、「その本を見つけた場所」以外で「その本」を持たずに。
(2) 「彼が話した日」以外に、「その本を見つけた場所」で「その本」を持って。
(3) 「彼が話した日」、「その本を見つけた場所」で「その本」を持たずに。
(4) 「彼が話した日」以外に、「その本を見つけた場所」で「その本」を持たずに。
(5) 「彼が話した日」以外に、「その本を見つけた場所」以外で「その本」を持たずに。

> **ヒント** 話した日はtoday,その日以外はthat day／場所はその場所ならhere,その場所以外ならthere／持っていたらthis book,持たないときはthat book

第21章 仮定法

1 仮定法の動詞の形と意味

① 仮定法過去：現在の事実と異なる〔反対の〕仮定をする。
- I wish I **could** drive a car.（車を運転できればよいのに）
  = I am sorry that I **cannot** drive a car.（車を運転できないのが残念だ）

② 仮定法過去完了：過去の事実と異なる〔反対の〕仮定をする。
- I wish I **could have driven** a car.（車を運転できたらよかったのに）
  = I am sorry that I **could not** drive a car.（車を運転できなかったのが残念だ）

2 仮定法の条件の示し方

① if 節：**If** we *had* enough money, we *could* succeed.
（お金が十分あれば私たちは成功できるだろうに）

② 副詞句：**Without**〔**But for**〕water, man *could* not live.（水がなければ、人は生きられない）
= **If it were not for** water, man *could* not live.

③ 不定詞, 分詞：**To hear** him speak, you *would* take him for the boy's father.
（彼が話すのを聞いたら、彼のことを彼の父親だと思うだろう）
= **If** you *heard* him speak, you *would* take him for the boy's father.

④ 主語：**A gentleman** *would* not do such a thing.
（紳士ならばそんなことはしないだろう）
= **If** he *were* a gentleman, he *would* not do such a thing.

3 その他の表現

① 〈**as if** ＋仮定法〉He talks **as if** he **knew** it.（まるでそれを知っているかのように話す）

② 〈**It is time** ＋仮定法〉
- **It is time** you **went** to bed.（もう寝る時間ですよ）
  = **It is time** you **should** go to bed. = **It is time for** you **to** go to bed.

③ 仮定法未来：If ＋主語＋ were to〔should〕＋動詞の原形
- **If** you **were to** stand on the moon, you *could* see the earth.
（もし月に立つようなことがあれば、地球を見ることができるだろう）

④ 仮定法現在：要求，提案などを表す動詞や形容詞に続く that 節の中などで用いられる。that 節の中の動詞は原形。動詞の前に should をおくこともある。
- He *insisted* that I（should）**go**.（彼は私が行くよう主張した）

⑤ if の省略：〈if ＋主語＋（助）動詞〉 → 〈（助）動詞＋主語〉で if を省略できる。
- **Were I**（=**If I were**）a bird, I *could* fly.（私が鳥なら飛べるのに）

基本問題

解答・解説は別冊 p.30

1 次の各組の文がほぼ同じ意味になるように，空所に適当な1語を入れなさい。

よく出る! (1) ⎰ He is poor, so he cannot go to Europe.
　　　　　 ⎱ If he (　　) not poor, he (　　) go to Europe.

(2) ⎰ Because he is busy, he will not come.
　　⎱ If he (　　) not busy, he (　　) come.

(3) ⎰ I am sorry I cannot speak French.
　　⎱ I (　　) I (　　) speak French.

(4) ⎰ Because he does not know the secret, he cannot tell it to you.
　　⎱ If he (　　) the secret, he (　　) tell it to you.

(5) ⎰ Because he did not hear the news, he was not surprised.
　　⎱ If he (　　)(　　) the news, he (　　)(　　)(　　) surprised.

よく出る! (6) ⎰ I am sorry I could not go to the party.
　　　　　 ⎱ I (　　) I could (　　)(　　) to the party.

ヒント すべてに共通することは，①仮定法では直説法より時制が1つ前になること，②直説法での否定文は，仮定法では肯定文に，直説法での肯定文は，仮定法では否定文になることの2点である。 (1)(2)(4)(5)条件をif節で表現している。 (3)(6) I am sorry ～. は〈I wish + 仮定法〉で書きかえられる。

2 次の各文の（　）内の語(句)を正しい形に変えなさい。

(1) If I (be) you, I would accept her proposal.

(2) He would be glad if you (write) a letter to him.

よく出る! (3) If I (have) enough money, I would have bought the book.

(4) If I (be) to go abroad, I would go by ship.

(5) I wish I (be) rich now.

(6) I wish I (be) rich at that time.

よく出る! (7) He talks as if he (know) everything.

(8) It is time I (buy) a new car.

よく出る! (9) If it (be not) for water, all living things would die.

よく出る! (10) If it (be not) for your help, he would have failed.

ヒント 主節と従属節がある場合には，主節の時制を見て，従属節の時制を決める。 (1)(2)(4)(9) 主節が過去形である。 (3)(10) 主節が〈助動詞 + 完了形〉の形である。 (5)(6) 従属節中の副詞(句)により決定する。 (7) as if のあとは原則として仮定法になる。 (8) 決まった表現である。

3 次の各組の文がほぼ同じ意味になるように，空所に適当な1語を入れなさい。

(1) {If I knew the truth, I could tell it to you.
　　 I (　　) (　　) the truth, so I (　　) tell it to you.

(2) {If I had much money, I could buy that house.
　　 (　　) I (　　) (　　) much money, I (　　) buy that house.

(3) {If she had known French, she would have visited France.
　　 (　　) she (　　) (　　) French, she (　　) (　　) France.

(4) {I wish I had a good friend.
　　 I am (　　) I (　　) (　　) a good friend.

(5) {If you had studied harder, you would have succeeded.
　　 Because you (　　) (　　) harder, you (　　) (　　).

> **ヒント** すべてに共通することは，①仮定法が直説法になると時制が1つ新しくなること，②仮定法での否定文は直説法では肯定文に，仮定法での肯定文は直説法では否定文になることの2点である。
> (1)(2)(3)(5) if 節を原因を表す節（たとえば because 節）として表現する。

4 次の各文で条件が表されている部分に下線を引きなさい。

(1) A kind man would have helped the old woman.
(2) It would be fun to attend the party.
(3) With a little more luck, she could have won the match.
(4) But for your support, I would have been in trouble.
(5) The accident happened just in front of us. Otherwise we could not have believed it.

> **ヒント** if 節以外で条件を表すのは，①副詞句，②不定詞・分詞，③主語などの名詞句の場合である。そのどれかを考える。

5 次の各文の下線部の語を文頭に出して全文を書きかえなさい。

(1) If anyone <u>should</u> call me, say I will be back soon.
(2) If I <u>were</u> rich, I could buy the car.
(3) If it <u>had</u> not been for the money, we would have failed.
(4) If it <u>were</u> not for water, humans could not live.
(5) If I <u>were</u> to tell you the truth, you would be very surprised.

> **ヒント** （助）動詞を文頭に出して倒置すると，If が省略され，疑問文の語順と同じになる。

応用問題

解答・解説は別冊 p.31

1 次の各文がほぼ同じ意味になるように、空所に適当な1語を入れなさい。

(1) {If you looked at him, you could not help laughing.
　　( ) ( ) at him, you could not help laughing.

よく出る！(2) {If he had a little more money, he could buy it.
　　( ) a little more money, he could buy it.

よく出る！(3) {If it were not for his advice, I could not finish it.
　　( ) his advice, I could not finish it.

よく出る！(4) {Had it not been for your devotion, he would not have recovered.
　　( ) for your devotion, he would not have recovered.

(5) {Even though he were a child, he could understand such a thing.
　　( ) ( ) could understand such a thing.

(6) {I have a previous appointment. Otherwise I would accept your invitation.
　　I have a previous appointment. ( ) I ( ) ( ) it, I would accept your invitation.

よく出る！(7) {If I were not busy, I would go with her.
　　I am busy; ( ) I would go with her.

ヒント (1)(2)(3)(4)(5)条件の表し方を考える。(7)は(6)と関連づけて考える。

2 次の日本文を英訳しなさい。ただし、指示がある場合はそれに従うこと。

(1) ぼくが君なら、彼と会うだろうね。
(2) もっと時間があったならば、もっとうまくできただろう。
(3) きのう私は暇だったらよかったのに。
(4) あなたはその試験に合格することが大切だ。(important, should の2語を用いて)

よく出る！(5) もう5分早く来ていれば、君は彼女に会えたのに。(Had で始めて)
(6) その少年はまるで学者のように話す。(as if を用いて)
(7) 急ぎなさい。もう学校へ行く時間ですよ。(went を用いて)

ハイレベル(8) あのときぼくの忠告に従っていたら、今ごろ君はお金持ちだろう。

ヒント (1)仮定法過去を用いる。(2)(3)仮定法過去完了を用いる。(4) should をどう用いるか。(5)条件の部分を倒置すれば Had が文頭にくる。(6) as if 以下の時制に注意。「学者」a scholar (7)「もう〜する時間」の言い方。(8)「あのとき〜だったら、今は…」の言い方は時制に注意。「〜の忠告に従う」follow one's advice

第22章 分詞構文

1 分詞構文（現在分詞・過去分詞を用いた副詞句）

① 現在分詞：**Looking** up at the sky, I saw many stars twinkling.
（空を見上げると, 多くの星が輝いていた）

② 過去分詞：**Seen** from a distance, the house looks like a ship.
（離れた所から見ると, その家は船のように見える）

2 分詞構文の表す意味

① 理由：**Having** no money, I could not buy the book.
= *Because* I had no money, ...（お金がなかったので, その本を買えなかった）

② 時間（前後）：**Arriving** at the town, he called his son.
= *After* he (had) arrived at the town, ...（その町に着いて, 彼は息子に電話した）

③ 時間（同時）：**Walking** along the river, I met my teacher.
= *While* I was walking along the river, ...（その川に沿って歩いているとき, 先生に会った）

④ 条件：**Turning** to the left, you will find the hotel.
= *If* you turn to the left, ...（左に曲がると, そのホテルがあります）

⑤ 譲歩：**Admitting** what he said, I still think that he was wrong.
= *Though* I admit what he said, ...（彼の言ったことは認めるけれども, やはり私は彼が間違っていたと思う）

⑥ 付帯状況：The train started at three, **arriving** at Osaka at seven.
= ..., *and* arrived at Osaka at seven.（列車は3時に出発し, 7時に大阪に到着した）

3 その他の分詞構文

① 完了形：Having ＋過去分詞
- **Having finished** my work, I went home.
= *After* I had finished my work, ...（仕事が終わってから, 家に帰った）

② 否定文：Not〔Never〕＋分詞；完了形の場合は Not〔Never〕having ＋過去分詞
- **Not knowing** what to do, I was at a loss.
= *Since* I did not know what to do, ...（何をすべきかわからず, 私は途方に暮れた）

③ 独立分詞構文：主節と従属節の主語が異なる場合, 分詞の前にその主語をつける。
- **The weather being** fine, they were playing soccer.
= *Because* the weather was fine, they were playing soccer.
（天気がよかったので, 彼らはサッカーをしていた）

基本問題

1 次の各文を分詞構文で表現するとき、空所に適当な1語を入れなさい。

(1) When he arrived at the station, he looked for the hotel.
　→ (　　) at the station, he looked for the hotel.

(2) While I was taking a walk in the park, I met an old friend of mine.
　→ (　　) a walk in the park, I met an old friend of mine.

(3) Because she was ill, she did not go to the party.
　→ (　　) ill, she did not go to the party.

(4) If you turn right, you will find the school.
　→ (　　) right, you will find the school.

(5) The airbus left here at 10:00 a.m., and arrived at Narita at 1:00 p.m.
　→ The airbus left here at 10:00 a.m., (　　) at Narita at 1:00 p.m.

ヒント 原則的に動詞を現在分詞にする。したがって各文から動詞をさがす。ただし、(2)(3)の be 動詞の使われ方の違いに注意すること。

2 次の各組の文がほぼ同じ意味になるように、空所に適当な1語を入れなさい。

(1) ｛Walking along the street, I met Mr. Smith.
　　(　　) (　　) (　　) (　　) along the street, I met Mr. Smith.

(2) ｛Seeing her mother coming near, she smiled.
　　(　　) (　　) (　　) her mother coming near, she smiled.

(3) ｛Tired with walking, he stopped to take a rest.
　　(　　) (　　) (　　) tired with walking, he stopped to take a rest.

(4) ｛Turning to the left, you will see a white building.
　　(　　) (　　) (　　) to the left, you will see a white building.

(5) ｛Taking out a photo, she showed it to me.
　　She (　　) out a photo, (　　) showed it to me.

ヒント 各文の意味を考え、適当な接続詞を入れる。原則的に、①理由(because)、②時間の前後や比較的短い時間(after, before, when)、③比較的長い時間(while)、④条件(if)、⑤譲歩(though)、⑥付帯状況(and)のどれかである。

3 次の各組の文がほぼ同じ意味になるように，（　）に適当な語句をそれぞれ下から選び，番号で答えなさい。

(1) ⎧ Because school was over, the students went home.
　　⎩ (　　) over, the students went home.
　　1. School was　　2. School being　　3. Being

(2) ⎧ Since he had lost the game, he had to pay for lunch.
　　⎩ (　　) the game, he had to pay for lunch.
　　1. Losing　　2. Having lost　　3. He losing

(3) ⎧ Because I do not know her telephone number, I cannot call her.
　　⎩ (　　) her telephone number, I cannot call her.
　　1. Doing not know　　2. Knowing not　　3. Not knowing

(4) ⎧ Since I had never seen him before, I did not recognize him.
　　⎩ (　　) him before, I did not recognize him.
　　1. Never having seen　　2. Never seeing　　3. Seeing never

(5) ⎧ If the weather permits, I will leave tomorrow.
　　⎩ (　　), I will leave tomorrow.
　　1. Permitting　　2. Weather being permitted　　3. Weather permitting

ヒント　(1)(5) 主節と従属節の主語が異なる場合には，従属節にも主語をつけなくてはならない。
　　　　(2)(4) 主節と従属節の時制が異なる場合はどうするか？
　　　　(3)(4) 従属節が否定文の場合。完了形で使われる never の位置に注意。

4 次の各文を和訳しなさい。

(1) Reading a book, I found her name in it.
(2) Listening carefully, I understood what he said.
(3) Admitting what you say, I still think that you are wrong.
(4) A young man came to her, asking her to dance.
(5) Working hard, we will finish it before night.
(6) Seen from the plane, these islands look really beautiful.
(7) Frankly speaking, he does not like the boys.
(8) Having finished his work, he left the office.
(9) Not having heard from him, I think he must be ill.
(10) Talking of Mr.Johnson, what has become of his son?

ヒント　大部分の分詞構文は「〜て〔で〕」で訳せる。

応用問題

解答・解説は別冊 p.32

1 次の各文を分詞構文を用いた文にしなさい。

(1) Since it is written in easy English, it will be useful for beginners.

(2) The train leaves Nagoya at six, and arrives at Tokyo at eight.

よく出る! (3) Because I did not know what to say, I kept silent.

よく出る! (4) Because they had met once before, they knew each other.

よく出る! (5) Because there was a vacant seat in the bus, I took the seat.

> **ヒント** (1) 受動態の分詞構文ではふつう be 動詞は省略する。 (2) leaves と arrives のどちらでも分詞構文にできる。 (3) 否定の分詞構文。 (4) 主節と従属節で時間に差がある。 (5) 主節と従属節で主語が異なる。

2 次の各文を接続詞を用いた文にしなさい。

(1) Taken by surprise, he did not lose his mind.

(2) Having eaten nothing for a whole day, I am hungry.

(3) Not knowing the answer, I did not raise my hand.

(4) The bus having gone, we had to walk.

(5) Not having heard from you, we began to wonder if you were ill.

> **ヒント** (1) 接続詞を決めるために意味をよく考える。
> (2) Having eaten は書きかえた場合, ate か have eaten か, それとも had eaten か。
> (3) Not をどのように処理するかを考える。
> (4) 主語が異なるし, 時制の差にも注意が必要である。
> (5) 完了形かつ否定になった分詞構文である。従属節の動詞は, 過去形, 現在完了形, 過去完了形のいずれかである。

3 次の日本文を分詞構文を用いて英訳しなさい。

(1) 夕食を食べてから, 私は宿題をし始めた。

よく出る! (2) きょうは天気がよかったので, 私たちは散歩に出かけた。

ハイレベル (3) 彼のいったことから判断すると, 彼は真実を知っているようだ。

(4) 彼女には会ったことがなかったので, 私は彼女が誰だかわからなかった。

ハイレベル (5) 概していえば, ことしの冬は雪が多かった。

> **ヒント** (1) 「夕食を食べて」と「宿題をし始めた」には時間的な差があるが, これをどう表現するか。
> (2) 主節と従属節で主語が異なる。「きょうは天気がよかった」は The weather を主語にして表すとよい。
> (3) 「彼のいったこと」what he said, 「～のようだ」seem to ～
> (4) 否定文と, 時間的な差の表現の仕方を考える。
> (5) 「概していえば」は慣用的表現。

実戦問題

1 次の各文の下線部が名詞節・形容詞節・副詞節のどれかを区別し、全文を和訳しなさい。
(1) I'll ask him if he wants to take a walk after breakfast.
(2) He knows English so well that he always helps me study English.
(3) I would like to know who was playing the violin in the orchestra.
(4) I'll take him to the park if he wants to take a walk after breakfast.
(5) Do you know that he always helps me study English?
(6) She does not know the boy who was playing the violin in the orchestra.

2 次の各文の( )内に入る適切なものを下の語句から選び、番号で答えなさい。
(1) When I called him, he told me that he (　　) ill for three days.
　① is　② be　③ has been　④ had been
(2) It is time he (　　) watching TV because he has been watching it for long.
　① stop　② stops　③ stopped　④ has stopped
(3) He (　　) me what I had bought at the shop yesterday.
　① asked　② said　③ told　④ ordered
(4) (　　) the store, I found that I had no money.
　① Entered　② Enter　③ Entering　④ Being entered
(5) (　　) his help, we could not have done it well.
　① But　② Without　③ Otherwise　④ If

3 次の各文の誤りを訂正しなさい。
(1) It is time you go for a walk with your dog.
(2) We ran to the station as fast as we can.
(3) Do you think why I did such a thing?
(4) He said to her why she was kind to him.
(5) I wish you can come to our party.
(6) If were I rich, I could buy the house.
(7) The train had left the station, we had to take a taxi.
(8) This is true that he has been ill in bed for ten days.

4 次の各組の文がほぼ同じ意味になるように、空所に適当な1語を入れなさい。

(1) ｛He did not know the news. If he had known it, he would have told it to you.
　　He did not know the news. (　　　), he would have told it to you.

(2) ｛Mother said to me, "Please do not make a noise while the baby is sleeping."
　　Mother (　　) me (　　) (　　) make a noise while the baby was sleeping.

(3) ｛A gentleman would not say such a thing.
　　(　　) you (　　) a gentleman, you would not say such a thing.

(4) ｛Had it not been for his advice, we would have failed.
　　(　　) his advice, we would have failed.

(5) ｛Living in Tokyo, I have often been to Tokyo Disneyland.
　　(　　) I live in Tokyo, I have often been to Tokyo Disneyland.

(6) ｛Because I have not been to the city, I do not know about it.
　　(　　) (　　) been to the city, I do not know about it.

5 次の各文を (　) 内の指示に従ってほぼ同じ内容を表す文に書きかえなさい。

(1) He asked her where she had been the day before.
　　(直接話法の文に)

(2) I wish I had known about it.
　　(直説法の文に)

(3) Since the train was crowded, we had to stand all the way home.
　　(分詞構文を用いて)

(4) What was wrong with her?
　　(do you think を入れて)

(5) He said to her, "Will your sister come to the party tomorrow?"
　　(間接話法の文に)

(6) I had no money, so I could not buy the ticket.
　　(with を用いて仮定法で)

第23章 特殊構文と呼応

これだけはおさえよう

1 強調の方法

① 強調構文

- John broke the window yesterday.（ジョンはきのう窓を壊した）
  - → **It was** *yesterday* **that** John broke the window.（ジョンが窓を壊したのはきのうだ）
  - → **It was** *John* **that** [**who**] broke the window yesterday.
    （きのう窓を壊したのはジョンだ）
  - → **It was** *the window* **that** John broke yesterday.（ジョンがきのう壊したのはその窓だ）

② 倒 置

- I never thought of meeting him there.（私は彼にそこで会うとは少しも思わなかった）
  - → **Never did I** think of meeting him there.（私は彼にそこで会うとは夢にも思わなかった）

2 反復を避ける方法

① 省 略

- I bought a pen, and she a pencil.（私はペンを,彼女は鉛筆を買った）

② 倒 置

- "I met her yesterday." "**So did I.**"（「きのう彼女に会ったよ」「ぼくもだ」）

3 説明や記述をつけ加える方法〔同格〕

- I met *Kate*, **a friend of his**.（私は彼の友だちのケイトに会った）
- I have *a dream* **of going to Europe**.（私はヨーロッパに行くという夢をもっている）
- There is no *hope* **that she will come here**.（彼女がここに来る望みはない）

4 呼 応

You are going there and I am going there.
- → (*Both*) You *and* I are going there.（君と私の両方ともそこに行くつもりだ）
- → *Not only* you *but also* I am going there.（君だけでなく私もそこに行くつもりだ）
- → You *as well as* I are going there.（私同様に君もそこに行くつもりだ）

5 無生物主語の文（主語の部分を副詞節に書きかえることができる）

① 主語が「原因・理由」を表す。

- **His opinion** made her change her mind.（彼女は彼の意見のために考えを変えた）
  =She changed her mind **because of his opinion**.

② 主語が「条件・手段・方法」を表す。

- **This bus** will take you to the station.（このバスに乗れば,あなたは駅に行けます）
  =**If you take this bus**, you can go to the station.

基本問題

解答・解説は別冊 p.34

1 次の各文を下線部を強調する文に書きかえなさい。

(1) <u>Jack</u> bought the book at the shop.
(2) Jack bought <u>the book</u> at the shop.
(3) Jack bought the book <u>at the shop</u>.
(4) I got a letter <u>from Betty</u>.
(5) He could not come to the party <u>because he was ill</u>.

> ヒント　すべて〈It is〔was〕+ 強調する語句 +that+ 強調する語句を除いた文〉の形にする。強調される部分は(5)のように節でも可能。

2 次の各文を，下線部の語句を文頭に置いて書きかえなさい。

(1) I <u>never</u> thought that he would succeed.
(2) If I <u>were</u> you, I would not do such a thing.
(3) Though she is <u>young</u>, she can go there alone.
(4) She had <u>hardly</u> begun to read the book when the bell rang.
(5) I had <u>scarcely</u> run out of the building before it exploded.

> ヒント　(1) 助動詞を忘れないようにする。　(2) If はどうするか。　(3) though の後の語順はどうするか。　(4)(5) 助動詞を主語の前に置く。

3 次の各文の省略できる語句を指摘しなさい。

(1) You may come if you want to come.
(2) If I cannot go, you should go.
(3) I like him better than I like her.
(4) I like her better than he likes her.
(5) Some like Japanese food and others don't like Japanese food.
(6) "Will it be fine tomorrow?" "I am afraid that it will not be fine tomorrow."
(7) "I cannot eat it." "Why can't you eat it?"
(8) When I was a boy, I used to watch a lot of TV.
(9) She said that I was right.
(10) I found the book that you had been looking for.

> ヒント　(1)〜(7)は共通部分を省略する。これらは構文上の省略である。
> (8)は慣用的な省略であり，(9)は接続詞が省略できる。
> (10)は関係代名詞が省略できる。

4 次の各文の空所に入る適当な語を右から選び,番号で答えなさい。　➡ **4**

(1) Mathematics (　　) my favorite subject.　　(1. is　2. are)
よく出る! (2) Her family (　　) a large family.　　(1. is　2. are)
よく出る! (3) Her family (　　) all early risers.　　(1. is　2. are)
よく出る! (4) A number of cars (　　) parking here.　　(1. is　2. are)
よく出る! (5) The number of cars in this town (　　) 30,000.　　(1. is　2. are)
(6) Half of the money (　　) stolen.　　(1. was　2. were)
(7) Half of the boys (　　) playing soccer.　　(1. is　2. are)
(8) Bad news (　　) fast.　　(1. travel　2. travels)
(9) There (　　) an apple on the desk.　　(1. is　2. are)
(10) There (　　) some apples on the desk.　　(1. is　2. are)

ヒント　(1)(8) 語尾が -s で終わる名詞だが,これは複数形か?
(2)(3) 主語が同じだが,( )の次を見て単数扱いか複数扱いかを決める。
(4) a number of 〜は many の意味。
(5) the number of 〜は「〜の数」という意味で,number は単数扱い。
(6)(7) いずれも Half of 〜が用いられているが,half of の次にくる語が単数形か複数形かにより動詞の形が決まる。

5 次の各文を下線部を主語にして和訳しなさい。　➡ **5**

(1) This bus will take you to the hospital.
よく出る! (2) The rain prevented us from going on a picnic.
(3) A little exercise will give you a good sleep.
(4) What made him change his mind?
(5) This medicine will make you feel better.
よく出る! (6) This train will enable you to travel faster.
(7) Her pride did not allow her to do such a thing.
(8) Urgent business took him to New York.

ヒント　(1)「人を〜に連れていく」　(2)「〜が…することを妨げる」
(6)「〜が…することを可能にする」　(7)「〜が…することを許す」

応用問題

解答・解説は別冊 p.35

1 次の各文を指示に従って書きかえなさい。

(1) I did not know about it until you told me.(下線部を強調して)
(2) If you should meet her, what would you say?(If を省略して)
(3) You should buy the book and you should read it.(共通部分を省略して)
(4) I don't like science.(この文を受けて「私もそうです」の意味の英文に)

> ヒント　(1)強調構文を用いる。not を取った後の文の動詞の形に注意する。　(2)If を省略すると,you should meet her はどうなるか。　(3)同じ部分を省略するが,語順に注意。　(4)前文が否定文であることに注意。

2 次の各文の誤りを訂正しなさい。

(1) Physics are her favorite subject.
(2) Neither you nor your brother have to do it.
(3) "I didn't watch the TV program." "Neither didn't I."
(4) The number of books that I buy every month are more than ten.
(5) It was John and Kathy that was responsible for the trouble.
(6) What made you to change your mind?

> ヒント　(1)Physics は複数形か？　(2)Neither ～ nor ... の形が主語の場合,動詞の人称,形は？　(3)Neither は否定を含む語。　(4)The number of ～は単数形か,複数形か？　(5)It is〔was〕～ that ... で主語が強調された場合は…の動詞は強調された主語に一致。　(6)この make は使役動詞。

3 次の日本文に合うように,(　)内の語句をすべて用いて英文を作りなさい。

(1) スミスさんという作家が私たちに手紙を書いてきました。
(a, us, Mr. Smith, wrote, writer, to)

(2) 「あす雨が降るかな」「降らないといいな」
(I, tomorrow, will, not, it, hope, rain)

(3) コーヒーが好きな人もいれば,紅茶が好きな人もいる。
(like, tea, some, coffee, people, others, and)

(4) 「私は彼女を知っている」「ぼくもだ」
(I, I, her, do, so, know)

> ヒント　(1)「スミスさんという作家」は同格で表す。　(2)「降らないといいな」の言い方をどうするか。　(3)共通部分があるため省略されている。動詞が1つしかないことに注目する。　(4)「ぼくもだ」の言い方を考える。

実戦問題

解答・解説は別冊 p.35

1 次の日本文に合うように、英文の空所に入る語句を選び、番号で答えなさい。
(1) 彼がきのうその店で買ったものは何ですか？
   (　　) he bought at the shop yesterday?
   (① Is it that what ② Is it went ③ What is it that ④ What it is that)
(2) 彼女がハワイに行ったということはみんなが知っている。
   The fact (　　) she went to Hawaii is known to everyone.
   (① that ② what ③ which ④ how)
(3) 「彼はその試験に合格しなかった」「彼女もそうだ」
   "He did not pass the examination." "(　　) did she."
   (① Also ② Neither ③ So ④ Either)
(4) 彼は私を見るか見ないかのうちに泣き始めた。
   Hardly (　　) me before he began to cry.
   (① did he see ② he saw ③ he had seen ④ had he seen)
(5) 万一ここに再び来ることがあれば、あなたは何をしたいですか？
   (　　) come here again, what would you like to do?
   (① Should you ② You were to ③ If you were ④ You should)
(6) 「彼は来るかな？」「来ないと思うよ」
   "Will he come?" "I'm afraid (　　)."
   (① he not ② so ③ not ④ won't)

2 次の各文の省略された語句を補いなさい。
(1) You may buy it if you want to.
(2) "Will it rain tomorrow?" "I hope not."
(3) "I do not want to meet her again." "Why not?"
(4) I like him better than her.
(5) Knowing is one thing, doing another.
(6) She bought and ate the cake.
(7) I lost the book he had given me as a birthday present.
(8) I know he had lived there before he moved to this town.
(9) When a boy, he was a member of a baseball team.

3 次の各文の誤りを訂正しなさい。
(1) Never I thought of becoming a nurse.
(2) The number of cars that park here every day are more than 100.
(3) John as well as his brothers like traveling.
(4) She always buys the magazine, read it and lend it to her brother.
(5) I think that the news are true.
(6) Neither she nor her parents likes insects.

4 次の日本文に合うように，（　）内の語を並べかえなさい。
(1) 私たちはきのう大阪市に到着した。
(the, Osaka, arrived, of, in, yesterday, city, we).
(2) 私は彼の友だちの1人であるキャシーを知っている。
(Kathy, his, friend, I, a, of, know).
(3) 私たちが買いたいのはこの車ではない。
(that, car, is, to, not, this, want, it, buy, we).
(4) 彼は年をとっているが，1日5マイル走っている。
(runs, old, he, five, day, is, he, as, miles, a).
(5) 机の上に3冊の本があります。
(the, books, desk, there, on, three, are).

5 次の日本文を英訳しなさい。
(1) 「私はその本を読んだことがあります」「ジャックもそうですよ」
(2) 彼の家を訪れて初めて彼が金持ちだということを知った。
(3) ジョン同様，ジョンの子どもたちも切手を集めている。
(4) 彼が再びここにもどって来る可能性はほとんどない。

6 次の日本文の意味になるように，各組の文の空所に適当な1語を入れなさい。
(1) 彼女は病気のために3週間入院した。
　Her (　　　) kept her in the hospital for three weeks.
　She was in the hospital for three weeks (　　　) she was ill.
(2) その雨のために，私たちは時間どおりに到着できなかった。
　The rain prevented us (　　　) arriving on time.
　We could not arrive on time (　　　) it rained.

大学入試レベルにチャレンジ

解答・解説は別冊 p.36

1 次の英文の（　）内に入る最も適切なものを，1つずつ選びなさい。

(1) The poet and scholar (　　) dead.
   ① is　　② are　　③ am　　④ have been 〔獨協大〕

(2) Is there anyone who knows when Mr. Pitt (　　) back from Korea? I want to talk him at the earliest opportunity?
   ① come　　② had come　　③ has come　　④ will come 〔広島工大〕

(3) (　　) by surprise, he was at a loss what to do then in the United States.
   ① Taken　　② Taking
   ③ To have taken　　④ To take 〔関西学院大〕

(4) The boss was standing at the door with her (　　).
   ① fold arms　　② arms folded
   ③ folds arms　　④ arms to fold 〔東海大〕

(5) A：John, where were you last night? I didn't see you.
   B：I had a headache. Otherwise I (　　) the party. 〔松山大〕
   ① would join　　② had joined　　③ joined　　④ would have joined

(6) (　　) did I know that the course of my life was about to change at that time.
   ① Less　　② Little　　③ Lots　　④ Much 〔学習院大〕

(7) (　　) that you are right, I still can't agree with you.
   ① Being　　② Considering
   ③ Granted　　④ Talking 〔畿央大〕

(8) (　　) the doctor in time, he would be dead by now.
   ① If he didn't see　　② If he hadn't seen
   ③ If he had seen　　④ If he hasn't seen 〔駒澤大〕

(9) I suggested (　　) more carefully.
   ① her to be　　② that she were
   ③ for her be　　④ that she be 〔南山大〕

(10) Agriculture plays an important role in sustaining our food supply and (　　) our environment safe for future generations.
   ① keep for　　② keeping　　③ keeps at　　④ kept 〔立命館大〕

(11) Many people criticized me, but I did what (　　).
   ① I thought I was right　　② I thought it was right
   ③ I thought was right　　④ I was thought right 〔センター試験〕

2 次の日本語に合うように，（　）内の語句を並べかえて英文を完成させなさい。

(1) 新しいビジネスを始めるなら，今ほどよい時期はないだろう。
　　If you are starting a new business, (a, better, chosen, couldn't, have, time, you).　　　　　　　　（立命館大）

(2) 親は，子供の生活で何が起こっているかに気をつけるべきだ。
　　Parents (be aware, happening, in, is, of, should, their, what) children's lives.　　　　　　　　（金沢工大）

(3) 彼女はもう礼儀作法を知っていてもよい頃だ。
　　It (how, is, time, knew, behave, she, to, high) herself.　　（中央大）

(4) いつになったらダンは友達とパーティーに行くことを許してもらえると思いますか。
　　How long (be, before, Dan, do you think, it, will) is allowed to go to a party with his friends?　　　　　（近畿大）

(5) 詩は朗読することによりいっそう理解が深まる。
　　Reading (aloud, us, it, poetry, understand, better, helps).（大阪歯大）

(6) 旅行から戻っているものとてっきり思っていました。
　　I took (for, granted, have, it, must, that, you) returned from your trip.　　　　　　　　　　　　（立命館大）

(7) 春樹が文名を馳せるとは夢にも思わなかった。
　　Little (a, did, dream, for, Haruki, I, make, name, that, would) himself as an author.　　　　　　　　（青山学院大）

3 次の文中の___部に与えられた語句を並べかえて文を完成するとき，A，B に入れるのに適当なものを選び，番号で答えなさい。　　　　　　　（センター試験）

(1) New information about diet ＿＿＿ A ＿＿＿ B ＿＿＿ think is incorrect.
　　① us　② many people　③ shows　④ what　⑤ that

(2) I wonder ＿＿＿ A ＿＿＿ B ＿＿＿ upstairs.
　　① what　② that　③ is making　④ it is　⑤ the noise

(3) There was a phone call from someone whose number you didn't recognize, so you didn't answer it. However, it was from someone inviting you to a party. You could express your regret by saying:
　　I ＿＿＿ A ＿＿＿ ＿＿＿ B ＿＿＿ answered the phone yesterday.
　　① could　② had　③ have　④ I　⑤ joined　⑥ the party

EDITORIAL STAFF

ブックデザイン	グルーヴィジョンズ
編集協力	小縣宏行　近藤合歓　佐野美穂　関谷由香理
	高木直子　渡辺泰葉　Scott Spears
制作協力	英研出版株式会社　山下悠人
データ作成	株式会社四国写研
印刷所	サンメッセ株式会社

MY BEST

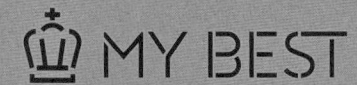

よくわかる英文法問題集

解答・解説編
ENGLISH GRAMMAR WORKBOOK

Gakken

第1章 基本の文型

基本問題　p.7〜8

1 解答 (1)(S)all sorts of food/(V)go　(2)(S)To go to Paris to study painting/(V)was　(3)(S)a house with a green roof/(V)stood　(4)(S)our life/(V)is　(5)(S)you and Susan/(V)play

解説 (1)go bad は「腐る」。In summer は副詞句で，主語にはならない。(2)不定詞の導く語群までを主語にする。(3)副詞句を文頭に出した倒置形。(4)「私たちの人生はなんと奇妙なことか」(5)一般動詞の疑問文は〈Do〔Does, Did〕＋S＋V 〜?〉となる。

POINT 主語と主部

主部とは主語に修飾語句を加えたものである。修飾語句には，名詞を前から修飾する冠詞・形容詞などや，うしろから修飾する形容詞句や形容詞節などがある。

　　　　主部
　　　主語
The red house on the hill is a hotel.
　　　↑　　↑　　形容詞句
（丘の上の赤い家はホテルです）

2 解答 (1)got　(2)(A)saw (B)rainbow　(3)(A)picture (B)took　(4)(A)got (B)hotel　(5)(A)flowers (B)bloom

解説 (1)「どこで乗ったか」→「空港で」(2)On the way は副詞句。(5)この in the garden は「庭で(咲く)」ではなく「庭の(花)」で，flowers にかかっている。

3 解答 (1), (3), (4), (6)

解説 (1)〈look＋形容詞〉の形では形容詞が補語。(3)〈turn＋色〉は色彩の変化に使われる。(6)明暗，寒暖などの変化には get が使われる。

4 解答 (3), (5), (6)

解説 (1)hard も from morning till night も works を修飾する副詞(句)。(2)〈S＋V＋C〉の文。(4)to church も every Sunday も goes にかかる副詞句。(6)no house of his own は目的語。

5 解答 (1)S＋V＋O＋O　(2)S＋V＋O＋C　(3)S＋V＋O＋O　(4)S＋V＋O＋O　(5)S＋V＋O＋C　(6)S＋V＋O＋C

解説 (1)show は「(〜に)…を見せる」の意味。(2)Johnny と handsome との間には Johnny＝handsome. の関係が成立する。(4)〈get＋O＋O〉で「〜に…を入手してやる」の意味。(6)「ヒバリが空高く飛ぶのをよく見る」の意味。fly(high up in the sky)が補語。

6 解答 (1)My old grandfather always walks very slowly.　(2)I gave a present to Mother on her birthday.　(3)This rose smells very sweet.　(4)We asked our teacher a lot of questions.　(5)She painted the door white last night.

解説 (1)頻度を表す副詞 always は，ふつう一般動詞の前に置く。(2)前置詞 to があるから a present のうしろに to Mother を置く。(3)smells (very) sweet は〈V＋C〉。(4)〈S＋V＋O＋O〉にまとめる。(5)the door が目的語で white が補語。Last night は文頭に置いてもよい。

応用問題　p.9

1 解答 (1)S＋V＋C　(2)S＋V　(3)S＋V＋O＋C　(4)S＋V＋O＋O

解説 (1)〈go＋形容詞〉は「〜になる」の意味。soft は補語。(2)very well は cuts にかかる副詞句。(3)命令文なので主語はないが，story が目的語で，shorter が補語。(4)showed のうしろに目的語が2つ並んでいる。

2 解答 (1)My grandmother often goes for a walk in the evening.　(2)My father bought me a bicycle.　(3)We saw a dog running toward us.

解説 (1)often は頻度を表す副詞で，ふつう一般動詞の前に置く。in the evening は文頭でもよい。(2)for を取って me を間接目的語の位置に置く。(3)running (toward us)を補語に。

3 解答 (1)The boy looked pale and seemed weak.　(2)Our uncle told us a story of Napoleon last night. または Our uncle told a story of Napoleon to us last night.　(3)Many people consider America a land of opportunity.

解説 (1)look も seem もうしろに補語を置いて使う。(2)tell＋人＋ものか, tell＋もの＋to＋人のどちら

1

かの型を使う。 (3) America を目的語に, a land of opportunity を補語にする。

実戦問題　p.10〜11

1 解答 (1) travels (2) sounds (3) tastes (4) sends (5) keeps

解説 (1)「光は音より速く進む」。 (2)「それはよい考えのように思われる」。sound は「(聞いてみると)〜に思われる」の意味。 (3) S＋V＋C (4) S＋V＋O＋O (5)〈keep＋O＋C〉で「〜を…(の状態)にしておく」。

2 解答 (1) makes (2) leave (3) remained (4) for (5) found

解説 (1)「〜を…にする」の make を使う。 (2)「〜を…のままにしておく」は leave を使う。 (3)「ずっと〜のままである」は remain。 (4) buy＋人＋もの＝buy＋もの＋for＋人 (5)「〜が…だとわかる」は find を使う。

3 解答 (1) Travel has taught me much. (2) May I ask you a favor? (3) Please tell me where to get tickets. (4) Fine weather made the picnic a great success. (5) What made that apple fall?

解説 (1)「私」ではなく,「旅行」を主語にした〈S＋V＋O＋O〉の文にする。 (2) you と a favor を ask の目的語にする。 (3)「どこで切符を買うのか」を tell の直接目的語にする。 (4) made があるので fine weather を主語にして〈make＋O＋C〉の形にする。 (5) 疑問詞 what を主語にして,〈make＋目的語＋動詞の原形〉の形にする。

4 解答 (1) sweetly → sweet (2) for → to (3) sings → sing〔singing〕 (4) poorly → poor

解説 (1) smell は補語をとる動詞として使われる。補語は副詞ではなく形容詞。 (2) lend＋人＋もの＝lend＋もの＋人 (3)〈hear＋目的語＋動詞の原形〉で「〜が…するのを聞く」。 (4)「彼は貧しい生まれだが, 死んだときは百万長者だった」の意味。

5 解答 (1) I owe a lot of money to my mother. (2) All his friends thought him rich. (3) I visited my teacher last night. (4) I heard a bell ringing in the church. (5) He seems (to be) a rich businessman.

解説 (1) 間接目的語に to をつける。 (3) call on ＝ visit (訪問する) (4)〈hear＋目的語＋現在分詞〉の形にする。 (5) seems の補語として (to be) a rich businessman を置く。

6 解答 (1) She turned pale at the news. (2) I gave nothing to my sister on her birthday. (3) Will you tell me the way to the station? (4) What do you call this flower in English? (5) We had to keep standing all the way.

解説 (1)「青ざめる」は turn pale。 (2) 間接目的語に to をつけてうしろにまわせば〈S＋V＋O〉になる。 (4) this flower が目的語で, 疑問詞 What が補語にあたる。 (5) keep〜ing は「〜し続ける」。standing (all the way) を補語にする。

第2章 いろいろな文

基本問題　p.13〜14

1 解答 (1) Is Mr. Aoki an English teacher? (2) Can a cat see in the dark? (3) Do they work part-time on weekdays? (4) Does the girl study hard? (5) Did his parents live in Osaka?

解説 (4) 主語が3人称単数で現在だから助動詞には Does を使い, 動詞は studies ではなく原形の study とする。 (5) lived が過去形だから助動詞は Did を使う。

2 解答 (1) The boys are not going to the movies. (2) It will not〔won't〕rain tomorrow. (3) I have not〔never〕seen a living whale. (4) We did not have music lessons yesterday. (5) Yumiko did not win the match.

解説 (1) be 動詞の文の否定は,〈be 動詞＋not〉の形にする。 (4) この had は助動詞ではなく本動詞なので, 一般動詞としての否定形 did not have とする。

3 解答 (1) What (2) How (3) What (4) How (5) Tom's mother gets up

解説 (3) feathers が複数なので,〈What a ＋形容詞＋単数名詞〉の形ではなく,〈What＋形容詞＋複数名詞〉の形になっている。 (5) 感嘆文では〈主語＋動詞〉の語順になる。

4 解答 (1) Be (2) Don't〔never〕 (3) How (4) everybody〔everyone〕 (5) aren't (6) does

解説 (1)形容詞を使った命令文における冒頭には動詞の原形としての Be が必要。 (4)部分否定としての everybody または everyone。 (6)主文が否定文なので, 付加疑問は肯定形になる。

5 解答 (1) likes → like (2) How → What (3) うしろの didn't → did (4) Please のあとに be を入れる。

解説 (2)〈a ＋形容詞＋名詞〉の形から What 型の感嘆文になる。なお, How nice this room is! としてもよい。 (3)主文が否定文だから, 付加疑問は肯定形にする。 (4)「〜に間に合う」の意味の be in time for 〜 の be 動詞が必要。

6 解答 (1) Mary made this cake, didn't she?
(2) What a nice vase you have brought!
(3) Don't〔Never〕be cruel to the animals around you. (4) I am not always at home on Sundays.

解説 (3)否定の命令文は,〈Don't〔Never〕＋動詞の原形〉で表す。 (4)「いつも〜というわけではない」は not always 〜。

応用問題　p.15

1 解答 (1) How (2) What (3) What (4) did (5) there

解説 (2)前置詞 at の目的語としての目的格 Whom が考えられるが, 会話体では主格の Who でもよい。物が問題なら what を置く。 (5)付加疑問は〈助動詞〔be 動詞〕＋主語〉の形がふつうであるが, There is 〜構文では there が主語の代わりになる。

2 解答 (1) What are you looking for?
(2) Don't be careless about such things. (3) What rapid progress Japan has made! (4) Cry in a loud voice. (5) They had a good time then, didn't they?

解説 (3)〈形容詞＋名詞〉があるから, What を使う。 (5)この had は助動詞ではなく一般動詞だから付加疑問は didn't they? とする。

3 解答 (1) Which do you like better, spring or autumn〔fall〕? (2) I don't like to speak〔speaking〕in public. (3) How happy those girls look!
(4) You took your (little) sister to the museum, didn't you?

解説 (1)「春と秋」は and ではなく, 二者択一としての or を用いる。 (3)「〜に見える」は look 〜を用いる。 (4)過去形 took があるので否定形の付加疑問 didn't を使う。

POINT　Yes と No の使い分け

日本語では「あなたは学生さんではないんですね？」と質問されると,「いいえ, 学生です」と答えるのがふつう。ところが英語では Aren't you a student? に対しては Yes, I am (a student). なのである。「いいえ」が No ではなく Yes であることに注意しよう。

英語では質問の文に関係なく, 答えの文が肯定文なら Yes, 否定文なら No を用いる。

実戦問題　p.16〜17

1 解答 (1) Does she sleep well every night? (2) Did the boy want a model plane? (3) Is it raining hard? (4) Is there a big building in front of the station? (5) Has he been reading since morning?

解説 (3) It's は It is の短縮形。疑問文では be 動詞は主語の前に出す。 (4) There は主語ではないが, There is 〜. の疑問形は Is there 〜? となる。

2 解答 (1) The house doesn't have a large garden.
(2) I did not hear a bell ring in the distance.
(3) The girl is not writing a letter in her room.
(4) She will not〔won't〕come here in time.
(5) Our farm in Japan does not look like an American one.

解説 (2)述語動詞の heard を否定形にする。ring は補語であり, 文全体の否定とは無関係。 (5)「日本におけるわれわれの農場は, アメリカの農場とは外見において異なる」が否定文の意味。

3 解答 (1) What a good idea you have! (2) What a beautiful sunrise it is! (3) Run faster. (4) How glad he was when he won the game! (5) Don't be afraid of making mistakes.

解説 (1)「なんてよい考えを君はもっているのだろう」 (3)助動詞 must があるので命令文を考える。 (5) must not は Don't ～に書きかえることができる。

4 解答 (1) How (2) Which (3) be (4) has (5) won't

解説 (2) tea or coffee と二者択一で問うためには Which が必要。 (3) noisy を補語とする be 動詞が必要。 (4) has not been を受けて付加疑問には助動詞 has がくる。 (5) will の否定形は won't(＝will not)。付加疑問では必ず短縮形を用いる。

5 解答 (1) went → go (2) likes → like (3) did → didn't (4) does get → gets (5) not to → don't

解説 (1) did not の後には原形 go がくる。 (3) had はここでは助動詞でなく一般動詞だから、付加疑問は didn't を用いる。 (4)疑問詞 Who は主語なので、後にすぐ本動詞がくる。

6 解答 (1) He often went fishing in the river, didn't he? (2) What a lot of birds there are on this island! (3) The rich are not always happier than the poor. (4) It was very hot, so I felt thirsty.

解説 (1) often は頻度を表す副詞なので、went の前に置く。 (2)〈what(a〔an〕)＋形容詞＋名詞＋there 動詞〉の形で表す。 (4)前半部と後半部のつなぎに接続詞 so を使う。

7 解答 (1) We cannot know everything on (the) earth. (2) What an early riser you are! / How early you rise〔get up〕! (3) How carefully she speaks〔talks〕! (4) Please tell me your name.〔Can〔May〕I have your name, please?〕 (5) He doesn't attend class regularly, does he?

解説 (1)「すべてのこと」に everything を使うことで、not every ～の部分否定になる。 (5)文全体が否定形なので肯定形の付加疑問を使う。

大学入試レベルにチャレンジ　p.18〜19

1 解答 (1)④ (2)② (3)③ (4)④ (5)④ (6)② (7)① (8)① (9)④ (10)④ (11)① (12)③

解説 (1) share は「共有する、分け合う」の意味。 (2) when ～から過去の文と判断する。 (3)一般動詞の否定文を付加疑問にする。 (4) Let ～. の付加疑問は ～, shall we? をつける。 (5)選択肢の中で2つの目的語をとる動詞は tell。 (6)〈leave ＋ O ＋ C〉で「O を C のままにしておく」。 (7)〈hear ＋ O ＋過去分詞〉の文。it は that 以下をさす。 (8)〈have ＋ O ＋動詞の原形〉の文。O the taxi driver と動詞 (take)の関係を考えて、動詞の原形 take を選ぶ。 (9)「どのように」という意味の how を選ぶ。 (10) How soon で「どれだけすぐに」「(あと)どれくらいで」の意味。 (11)〈let ＋ O ＋動詞の原形〉の文。 (12) Let's ～. の否定文は、〈Let's not＋動詞の原形 ～.〉の形。anywhere は副詞なので to は不要。

2 解答 (1) have my hands full with urgent work (2) do you say to taking a walk by the seaside (3) I won't be able to make myself heard (4) don't hesitate to call me if you have

解説 (1)〈have＋O＋C〉の C が形容詞(full)になっている。 (2) What do you say to ～で「～はどうですか」と提案したり、誘ったりする言い方。 (3) make oneself heard で「自分の声が聞こえる」。 (4)「遠慮なく～してください」は Don't hesitate to ～(～することをためらわないでください)で表す。

3 解答 (1)④,③ (2)①,⑤ (3)②,⑤

解説 (1) why is this bus never on time?(どうして、バスは時間通りではないんだ)。 (2) any chance of you lending me。chance of ～ing で「～する望み、可能性」。 (3) When did you decide where you're going。間接疑問文。where のあとは〈主語＋動詞〉の語順にする。

第3章 基本時制と進行形

基本問題　p.21〜22

1 解答 (1) stands (2) is (3) comes (4) went (5) came (6) will get (7) Shall (8) are (9) speaks, is speaking (10) will be cooking

解説 (1)建物が「建っている」という状態を表す場合は進行形は使わない。 (2)条件を表す副詞節では未来のことでも現在形で表す。 (7)「～しましょうか？」は Shall I ～? で表す。 (10)未来のある時点での進行

中の動作。

2 【解答】(1) have finished → finished (2) will arrive → arrives (3) comes → will come (4) am belonging → belong (5) is going → goes

【解説】「時」を表す副詞節中では未来のことでも現在形で表す。(3)名詞節だから未来のことは未来時制で表す。(4) belong は進行形にはならない。(5)習慣的行為は現在時制で表す。

3 【解答】(1) were (2) was having (3) reach (4) will come (5) are forgetting

【解説】(2) have は「持つ,持っている」の意味では進行形にしないが,「食べる」の意味では進行形になりうる。(5)現在進行中の動作ではないが,反復的行為を強調するのに使う進行形。この進行形は軽い非難の気持ちをこめた感情表現。

> **POINT 進行形にならない動詞**
> 心の状態を表す動詞はもともと継続的な意味をもっているので,進行形にすることができない。love(愛する),hate(きらう),like(好む),dislike(きらう)などの動詞がこれにあたる。
> また,know, have(持つ), understand, resemble(似ている), belong to ～(～に所属する), contain(含む) なども状態を表す動詞だから進行形にはならない。

4 【解答】(1)(ア)医者が到着したら私に教えてください。(イ)医者がいつ到着するか私に教えてください。(2)(ア)きみはどこから来たのですか?(イ)きみはどこの出身ですか?

【解説】(1)(ア) when は「～するとき」の意味の接続詞。「時」を表す副詞節中の未来代用の現在形を用いている。(イ) when は疑問詞で,この節は副詞節ではなく,名詞節なので未来時制を用いている。(2)(イ)の come from ～は「～の出身である」の意味。

5 【解答】(1) will (2) Shall (3) will (4) shall, will

【解説】(1)単純未来。(2) let's で答えていることに注目。Shall we ～? は相手の意向をたずねる表現。(3)習性を表す will。(4) if he will come here は「彼がここに来てくれるというのであれば」の意味で, he の意志が問題になっている。条件節中の will は主語の意志を表す。

6 【解答】(1)近い未来 (2)現在の習慣・反復動作 (3)不変の真理・事実 (4)「時」を表す副詞節中での未来代用 (5)現在の状態

【解説】(1) this evening は未来を表す副詞句。(4) when he returns home は「時」を表す副詞節。

7 【解答】(1) It was raining when I woke (up) this morning. (2) "Will you be free tomorrow afternoon?" "Yes, I will be quite free." (3) I don't think she will come if it rains tomorrow morning. (4) He is always complaining about something.

【解説】(2)単純未来での問答。(3)条件の副詞節中の未来は現在時制で代用する。(4)進行中の動作ではないが,反復行為なので進行形にする。

応用問題 p.23

1 【解答】(1) was watching (2) has (3) find (4) does (5) Will

【解説】(2) have は「食べる」の意味では進行形にすることもできるが,ここでは usually があり,習慣を表しているので現在時制。(3)「条件」を表す副詞節中では未来のことでも現在形で表す。(4)現在時制で近い未来を表している。

2 【解答】(1) will → would (2) will be → am (3) comes → came (4) am knowing → know

【解説】(1)時制の一致で will は would になる。(2) when I am ready は「時」を表す副詞節中での未来代用の現在時制。(3)日本語に訳すならば「戻るまで待った」であるが,戻ったのも過去のことなので過去時制にする。(4) know は進行形にならない動詞。

3 【解答】(1) Will (2) will (3) shall (4) Shall

【解説】(1) Will you ～? で依頼を表している。(2)単純未来。(3) Let's ～. で答えているので, Shall we ～? (～しましょうか?)と相手に提案する文にする。(4) Shall I ～? で「～しましょうか?」と相手に申し出る表現。

4 【解答】(1)私は何度もドアを閉めたが,どうしても閉まらなかった。(2)学生は図書館で飲食してはいけない。

【解説】(2)規則や条文の中で shall をこのように使うこ

とがある。

第4章 完了形と完了進行形

基本問題　p.25〜27

1 解答 (1) finished　(2) ever　(3) since　(4) had　(5) will have read

解説 (1) just があるので「完了」を表す現在完了。(2) ever は「経験」を表す現在完了でよく用いられる。(3) since 〜 は「継続」を表す現在完了でよく用いられる。(4)過去のある時までに完了した動作は過去完了で表す。(5)未来のある時までの経験は未来完了で表す。

2 解答 (1) have been　(2) had bought　(3) had lost　(4) will have bought　(5) has been raining〔has rained〕　(6) will have been teaching〔will have taught〕

解説 (1)完了形にして継続の意味を表す。(2)「読んだ」より前のことだから過去完了。(4)来年の3月の時点での完了を意味する未来完了。(6)来年で30年間教え続けているわけだから未来完了(進行形)にする。

3 解答 (1)継続　(2)完了　(3)経験　(4)結果

解説 (1)「長い間ずっと知っている」(2)「たった今帰ってきたところだ」(3)「1度会ったことがある」(4)鳥が戻っていないことを意味する。

4 解答 (1)継続　(2)結果　(3)経験　(4)完了

解説 (1)「ニューヨークに住んで2年たったときに戦争が起きた」(2)私が生まれたときには兄はいなかったことを意味している。(4)「ベルが鳴ったときまでには手紙を書き終えていた」

5 解答 (1)オ　(2)エ　(3)イ　(4)ア

解説 (1) two days ago は過去の文で用いるので、today と結ぶ。(2)「フランスに3度行ったことがある」(4) not 〜 yet は「まだ〜ない」の意味。

6 解答 (1) had already reached　(2) had been reading　(3) will have been working　(4) will have left　(5) has not had　(6) had often heard　(7) have made〔made〕, want　(8) have you been doing

解説 (1)「すでに着いていた」(3)「6時間ずっと絵にかかりきっているだろう」(5) have は「食べる」の意味の動詞。(7)「間違いをしてしまい、今消すことを望んでいる」。want は現在形のままでよい。

7 解答 (1) lived → have lived または have been living　(2) has lost → lost　(3) have you climbed → did you climb　(4) will have gone → have gone　(5) have bought → bought

解説 (4)時や条件を表す副詞節中では未来完了を表現するのに現在完了を使う。(5) just now(たった今)は過去形とともに用いる句。I have just bought this watch. と同じ意味。

8 解答 (1)(ア)彼は5年前アメリカ合衆国に行った。(イ)彼はアメリカ合衆国に行ってしまった(現在も行っている)。(2)(ア)私は以前ハワイに行ったことがある。(イ)私はちょうどおじを見送りに駅に行ってきたところだ。(3)(ア)私はかさをなくした。(イ)私はかさをなくしてしまった(今は持っていない)。(4)(ア)あなたはどれくらいここにいるのですか？(イ)あなたは何回ここに来たことがありますか？

解説 (1)(ア)は単なる過去であるが、(イ)は「結果」を表す現在完了。(2)(ア)は「経験」を表す現在完了で「〜へ行ったことがある」。(イ)は「完了」を表す現在完了で「〜へ行ってきたところだ」。(3)(イ)は「結果」を表す現在完了。

9 解答 (1) Summer is over, and autumn〔fall〕 has come. The leaves of the trees in the garden have begun to turn red.　(2) I knew the place well, because I had been there once before.　(3) The fine weather will have lasted for a week if it is fine tomorrow.　(4) You have been reading a book for five hours since morning.

解説 (1)「秋が来た」は現在完了で表す。(3)未来完了で「継続」を表す。

応用問題　p.28〜29

1 解答 (1) had been　(2) will have been sleeping　(3) had bought　(4) will have arrived　(5) have not seen　(6) had been reading　(7) have been playing

解説 (3)時間の前後関係を表すために,より前のほうを過去完了にする。

2 解答 (1)イ (2)オ (3)エ (4)ア

解説 (2)「あすで2か月間休んでいることになる」 (4)「あなたが去るときまでに書いてしまっているだろう」

3 解答 (1) have you returned → did you return, have come → came (2) have finished → will have finished (3) have been knowing → have known (4) has gone → went (5) come → been

解説 (4) three days ago は過去を表す語句。 (5)「ここへ来たことがある」という経験は,come を使わず have been here とする。

POINT
go と come は「結果」
「北海道に行ったことがある」「この町に来たことがある」という「経験」は have been to ～で表す。このときに go や come を使って have gone to ～や have come to ～とすると「～へ行っている」「～へ来ている」という「結果」の意味を表す。

4 解答 (1)(ア)私はそのサーカスをまだ見ていない。 (イ)私は生きているクジラを(一度も)見たことがない。 (2)(ア)彼はその人を殺してしまった。 (イ)彼は以前,人を殺したことがある。 (3)(ア)彼女は私の家に来た。 (イ)彼女は私の家に来ている。 (4)(ア)私はけさはまだ新聞を読んでいない。 (イ)私はけさは新聞を読まなかった。

解説 (1)(ア)は「完了」,(イ)は「経験」。 (2)(ア)は「完了」,(イ)は「経験」。 (3)(ア)は単なる過去の事実,(イ)は「結果」を表す現在完了。 (4)(ア)は午前中の表現,(イ)は午後になってからの表現。

5 解答 (1) has been dead (2) is (3) had bought (4) ever seen

解説 (1)継続を表す現在完了。 (2)歳月の経過は It is ～でも表せる。 (4)下の文は「これは私が今まで見たうちで最も美しい絵です」という意味になる。

6 解答 (1)船が港を出るか出ないかのうちに,風が吹き始めた。そしてビルは以前に航海したことがなかったので,気分が悪くなった。 (2)私の息子は言われたことはよく忘れるが,自分で発見したことはめったに忘れない。 (3)7時半までには,私たちは夕食を終えて,キャシーがテーブルの上をきれいに片づけてしまっているでしょう。だからあなたは就寝時間までに1時間の仕事ができます。

解説 (1)〈Scarcely had ＋主語＋過去分詞～＋when ＋過去形 ...〉は,「～するかしないうちに…した」の意味。 (2) has been told は現在完了の受動態。 (3) will have had と will have cleared はともに「完了」を表す未来完了。

実戦問題　p.30～31

1 解答 (1) gets (2) comes (3) was writing (4) Shall (5) will show (6) had seen (7) have read

解説 (1)「時」を表す副詞節での未来代用の現在形。 (4)「今出発しましょうか」「はい,そうしましょう」。相手の意向をたずねる表現。 (5)「動物園への道を教えていただけるととてもうれしいのですが」。「条件」を表す副詞節の中でも,その主語の意志を表すときは will を用いる。 (7)「時」を表す副詞節中での未来完了代用の現在完了。

2 解答 (1) writes, is writing (2) was helping, went (3) has been writing, has not finished (4) will have finished, will be able to (5) had been teaching (6) will have read (7) had been played, had missed

解説 (1)「彼女はふつう英語で書くが,今はフランス語で手紙を書いている」の意味になる。前半は彼女の習慣,後半は今現在進行中の動作を表している。 (2)「この前の日曜日に私が会いに行ったとき,彼女は母親が料理するのを手伝っていた」 (3)「彼は5年間小説を書き続けているが,まだ完成していない」 (4) can を未来時制の中で使うときは will be able to ～を用いる。 (5)「彼は自分の学校の校長に任命されたとき,(それまで)20年間教鞭をとってきていた」 (7) had been played は過去完了の受動態。

3 解答 (1)(ア)君は彼を笑っている。 (イ)君はいつも彼を笑っている。 (2)(ア)君はどこへ行くところなのですか? (イ)君はいつ行くつもりなのですか?

解説 (1)(ア)は現在笑っている最中であるのに対し,(イ)

は今は笑っていなくても主語の習慣を表す進行形として使っている。 (2)(ア)は現在進行中の動作であるのに対し,(イ)は近い未来を表す進行形。

4 解答 (1) will have read → have read (2) left already → had already left (3) was studying → has been studying (4) have met → met (5) 1つめの was → had been (6) waited → was waiting

解説 (1)「時」を表す副詞節での未来完了代用の現在完了。 (5)「父が寝込んで2か月たってから医者が呼ばれた」

5 解答 (1) Have you ever heard the story? (2) She has been dead for ten years.〔It has been ten years since she died.〕 (3) Three months have passed since the baby was born. (4) When she came in, the teachers had already been seated.

解説 (2)「10年間死んでいる」と表す。 (3)時間の経過は時間を主語にして have passed を使えばよい。 (4)「先生たちが席に着くまで,彼女は入ってこなかった」→「彼女が入ってきたときには,先生たちはすでに席に着いていた」

6 解答 (1) Shall I make tea for you? You must be very thirsty. (2) Will you lend me one thousand yen? I'll pay you back without fail next month. (3) Go to the station at once. They will be waiting for you there. (4) "I'm sorry I've kept you waiting." "It's all right. Actually I've just arrived, too." (5) By the time you come back to Japan, your daughter will have married. (6) He could not find the hat which he had left on the table by the window.

解説 (1) Shall I ～? で「(私が)～しましょうか？」。 (2)「～してくれませんか？」と相手に依頼するときは Will you ～?。「～します」は話し手の意志の will を使う。

第5章 助動詞

基本問題　p.33〜34

1 解答 (1) Can, can't〔cannot〕 (2) Must〔Should〕, must〔should〕 (3) May〔Can〕 (4) may (5) must

解説 (1)「能力」の can と can't〔cannot〕。 (2)「義務」の must〔should〕。 (3)「許可」の may。can にも許可の用法がある。 (4)「推量」の may。 (5)「推量」の must。

2 解答 (1) need (2) cannot〔can't〕 (3) may〔must〕 (4) cannot〔can't〕 (5) must〔should〕 (6) may

解説 (1)「不必要」の need not。 (2)「はずがない」の cannot。 (3)「～してはいけない」の「不許可」は may not。なお,「強い禁止」のときは must not。 (6)「推量」の may。

3 解答 (1) Need (2) Would (3) ought (4) used (5) should

解説 (1) ought であれば to が必要。 (2) ていねいな依頼の would。 (3) 直後に to があるから must や should は使えない。 (4)「私の父はそれほどたばこを吸わなかった」という過去の習慣をいっている。

POINT　過去の習慣
「よく～したものだ」は過去の習慣を表す言い方であるが,英語では, used to ～ と would の2つがある。
規則性の強い過去の習慣には used to ～ が好んで用いられる。一方, would は, often を添えて would often ～ の形でよく使われる。

4 解答 (1)(ア)彼は金持ちにちがいない。 (イ)彼は金持ちだったに違いない。 (2)(ア)彼女はこの時間にそこに着いているはずがない。 (イ)彼女はこの時間にはそこに着いているかもしれない。

解説 (1)〈must have ＋過去分詞〉は「～したにちがいない」の意味で,過去のことについての推量を表す。 (2)〈cannot have ＋過去分詞〉は「～したはずがない」の意味。〈may have ＋過去分詞〉は「～したかもしれない」。

5 解答 (1) cannot〔can't〕 (2) have (3) had (4) have (5) only

解説 (2)「必要」の must の未来形は will have to ～ で表す。 (3)「～したほうがよい」は had better ～。 (5)「～しさえすればよい」は have only to ～。

6 解答 (1) must〔may〕 (2) may〔must〕
(3) have (4) should (5) need, may〔can〕

解説 (1)「推量」の must。 (2) may have left 〜で「〜を置いてきたのかもしれない」と「推量」を表す。 (4)〈should have ＋過去分詞〉は「〜すべきだったのに」。

応用問題 p.35

1 解答 (1) Can (2) Could (3) cannot
(4) may (5) used

解説 (1)疑問文で用いられる can には強い疑いの意味がある。 (2) Could you 〜? には「〜していただけませんか？」のていねいな依頼の意味がある。 (3)「〜したはずがない」 (5)過去の習慣が妥当。

2 解答 (1) can → be able to (2) 2番目の must → need (3) must not → cannot (4) reached → have reached (5) ought not be done → ought not to be done

解説 (1)ほかの助動詞があれば can は be able to 〜に置きかえる。 (2)「不必要」は need not。 (3)「正直なはずがない」の意味。 (4)助動詞のあとは原形か〈have ＋過去分詞〉。 (5) ought も ought not も次に to をともなう。

3 解答 (1) You must have heard about this.
(2) You must not miss the Great Buddha in Nara.
(3) When (he was) young, he would often sit up all night. (4) There used to be an old oak in my garden. (5) This window would not open.

解説 (1)過去の推量。 (2)禁止。 (3)不規則な習慣。 (4)過去の状態。 (5) would not 〜には「〜しようとしなかった」の用法がある。

4 解答 (1)学生が心に留めておかなければならない第1のことは，書物は単なる娯楽のために読まれるべきではないということだ。 (2)私たちは他人のほうが自分より多く知っていても恥ずかしく思う必要はない。しかし，学べることをすべて学んでいなかったならば恥じるべきだ。

解説 (1) ought not to 〜は「〜すべきではない」。(2) we do の do は know の代動詞。

大学入試レベルにチャレンジ p.36〜37

1 解答 (1)② (2)④ (3)② (4)② (5)① (6)④
(7)① (8)④

解説 (1)この when 〜は the time を修飾する関係副詞の節なので，未来のことは未来の形で表す。 (2) remembered という過去のことよりも前のことなので過去完了形にする。 (3)「するべきだったのに，忘れていた」という文。 (4) used to 〜で「よく〜したものだ」という過去の習慣を表す。 (5)あとの「冷蔵庫が食料でいっぱいだ」から「覚えていたに違いない」という文が入る。 (6)過去に実際にやってみて「〜できた」というときは was[were] able to 〜で表す。 (7)「電車に乗り遅れたかもしれない」。(8)「肉を食べるのをやめた」という過去の文。

2 解答 (1) Have all these goods been paid?
(2) this indirect approach has won much popularity

解説 (1)現在完了形の受動態の疑問文。 (2)現在完了形の文。win much popularity で「（大いに）人気になる」。

3 解答 (1)③,④ (2)①,④

解説 (1) to fall asleep with the light on。前の used から used to 〜の文にする。 (2) go wrong で「（機械などが）故障する」。

4 解答 (1)③ (2)③ (3)③ (4)③

解説 (1) has been overturned → was overturned。2つ目の文は文末に last Summer があり，過去の文。 (2) didn't have → haven't had。前の Since 〜から，現在完了形の文にする。 (3) had been → had。(4) have made → made。あとの last summer から過去の文と判断する。

第6章 受動態

基本問題 p.39〜40

1 解答 (1) was, by (2) be, elected (3) run, over (4) given, after (5) was, is

解説 (1)受動態の基本どおりに〈be 動詞＋過去分詞〉を考えればよい。 (2)助動詞 will の後に〈be ＋過去

分詞〉を入れる。 (3)「～をひく」は run over ～だが，その受動態は be run over になる。(4)「介抱する」は look after。 (5)後半は「状態」を表す受動態で be 動詞は現在形。

2 解答 (1) are (2) loved (3) was surprised (4) to (5) at

解説 (1)主語が複数なので，are を選ぶ。 (2)受動態なので，be 動詞の後は過去分詞でなければならない。 (3)「驚く」は，日本語では受動態でなくても英語では受動態の be surprised で表す。 (4)「～に話しかける」は speak to ～。 (5)「～に失望する」は be disappointed at ～。

3 解答 (1) A big plane was seen flying by the farmers in the field. (2) The boy is thought of as a genius. (3) The matter must be looked into at once. (4) They were shown the way to the building by a little girl. (5) English is spoken in many countries. (6) Was Oahu discovered by Captain Cook? — Yes, it was.

解説 (1) flying は目的補語なので〈be 動詞＋過去分詞〉の次に置く。 (2) think of ～ as ... は「～を…と考える」の意味。people は不特定の人なので，受動態の文では by people は省略する。 (3) We は不特定の人と考えて，by us は省略する。 (4)もう１つの目的語の the way to the building は〈be 動詞＋過去分詞〉の次にそのまま置く。 (5) by people はふつうつけない。 (6)「オアフ島はキャプテン・クックによって発見されましたか？」の文にする。Yes で始まる答えも，Oahu を指す it を主語にして書きかえる。

4 解答 (1) by (2) was (3) be, obeyed (4) whom (5) sent, for

解説 (1)行為者を示す by がそのまま入る。 (2)過去時制なので was。 (3)助動詞の後は〈be ＋過去分詞〉で，原形の be をそのまま使う。 (4)前置詞 by の目的語として目的格 whom が必要。 (5) send for ～ は「～を呼びにやる」。

5 解答 (1) Your teeth must be kept clean. (2) Coffee is drunk with sugar. (3) His shoes were covered with mud. (4) She was heard to sing a song beautifully. (5) Is sugar sold by the pound?

解説 (1) keep は目的語と補語をとる動詞なので，受動態になると目的語は主語として前に移動するが，補語 clean はうしろに残る。 (2)文意は「コーヒーはさとうを入れて飲まれる」。 (3) be covered with ～ は「～でおおわれる」の意味だが，この with は受動態の行為者を示す by の代わりに用いられたものである。 (4)〈知覚動詞＋目的語＋動詞の原形〉の受動態は，〈be 動詞＋過去分詞＋ to 不定詞〉になる。 (5)「さとうはポンド単位で売られるのか？」が文意。この by は行為者を示すものではなく，数量の「単位」を表す。

6 解答 (1) it cannot be carried out in practice (2) The students were made to copy the paragraph. (3) We were greatly interested in the film. (4) What is this fruit called in English? (5) My aunt told us an interesting story. (6) Soseki has written many books. (7) The people in town often break the rule.

解説 (1)「それは実際には実行できない」の意味。助動詞 cannot の直後だから原形の be がくる。 (2)使役動詞 make の受動態は後に to 不定詞を用いる。 (3)「～に興味をもっている」は be interested in ～だが，この in は行為者を示す by に代えて用いられたもの。 (4)「このくだものは，英語で何というのですか？」by you をつけてはいけない。 (5) tell のあとは〈間接目的語＋直接目的語〉の語順にする。 (6)現在完了の受動態を能動態に変える。 (7) the people in town を主語にする。

応用問題　p.41

1 解答 (1) This door is always left open. (2) About fifty houses have been destroyed by the fire. (3) By whom was 'Gone with the Wind' written? (4) Your conduct cannot be put up with. (5) The history of modern jazz greatly interests some students. (6) We never saw him smile again after his father's death.

解説 (1)「このドアはいつもあけっ放しになっている」の意味。不特定の人を示す by someone はつけなくてよい。 (2)主語になる About fifty houses は複数

なので，現在完了の助動詞は has ではなく have になる。 (4) we は不特定の人と考え，by us はつけない。 (5) be interested in ～を能動態にするには，in の次の語句が主語になる。in は by に代えて用いられている前置詞。 (6)知覚動詞の受動態の文で使われている to 不定詞は能動態の文では動詞の原形になる。

2 解答 (1) with → at (2) play → to play
(3) laughed → laughed at (4) did → was

解説 (1)「～に驚く」は be surprised at ～。 (2)「その少女が野原で遊んでいるのをよく見かける」が文意。知覚動詞 see の受動態なので，目的語の後は動詞の原形ではなく，to 不定詞になる。 (3)「～を笑う」は laugh at ～で，その受動態は be laughed at。 (4)「あなたの学校の創立はいつですか？」が文意。found の受身としては was founded という形がなければならない。疑問文なので was を主語の前に置く。

3 解答 (1) The orphan was taken care of 〔looked after〕by the villagers. (2) I was born in Tokyo and was brought up there until eleven. (3) Are you satisfied with this result? (4) I was made to go there against my will.

解説 (1)「～の世話をする」は take care of ～または look after ～。この受動態として be taken care of か，be looked after を使う。 (2)「育ちました」は「育てられました」といいかえて，be brought up を過去形にして使う。 (3)「～に満足する」は be satisfied with ～で，日本語では受動態ではないが，英語では受動態になる例の1つ。 (4)「行かされた」は使役動詞 make を用いた受動態として be made の次に to 不定詞を置く。

POINT by 以外の前置詞を用いる受動態

受動態の文では行為者を示す語句には前置詞 by が使われるのが一般的であるが，例外もあり，試験ではよくねらわれる。

be covered with ～　　「～でおおわれる」
be disappointed with〔at, in〕～
　　　　　　　　　　　「～に失望する」
be known to ～　　　「～に知られている」
be interested in ～　　「～に興味がある」
be satisfied with ～　　「～に満足している」

第7章 不定詞

基本問題　p.43～44

1 解答 (1) to, read (2) seems, be (3) order
(4) it (5) for, to

解説 (1) want の目的語としての不定詞。 (2) seem はよく不定詞をともなう動詞。 (3) in order to ～は「～するために」。

2 解答 (1)いつ出発すべきかを教えてください。 (2) 2度とここに来ないことを彼は約束した。 (3)実をいえば，私は数学が好きではない。 (4)私たちはその鳥が鳥かごの中で鳴くのを聞いた。 (5)その質問に答えるのはやさしいとわかった。

解説 (2)不定詞を否定形にするには not を to の前に置く。 (4)〈hear＋O＋原形不定詞〉は「～が…するのを聞く」の意味。 (5) it は後の不定詞を真の目的語とする形式目的語。

3 解答 (1) speak (2) say (3) of (4) too
(5) go

解説 (1)主語としての不定詞。 (3)人の性質を表す形容詞のあとの不定詞の意味上の主語には of ～が使われる。 (4) too ～ to … は「～すぎて…できない」。 (5)使役動詞(make, have, let など)の後は to 不定詞ではなく，原形不定詞がくる。

4 解答 (1) I want some water to drink.
(2) He must be a fool to do such a thing. (3) He grew up to be a fine scientist. (4) To travel all over Japan has been my dream since my childhood. (5) These books are not always suitable for children to read.

解説 (2) He must be a fool と断定する理由を表す不定詞。 (3) to be ～は彼が成長してどうなったかの結果を表す不定詞。 (5) for children to read は意味上の主語をともなった不定詞。

5 解答 (1) it を取る (2) of → for (3) enough old → old enough (4) to make → how to make

解説 (1)前置詞 in の目的語としての it は the city を

指してはいるが，単文では主語の The city が最後まで意識されているのでつけない。(2) us は次の不定詞の意味上の主語。人の性質を表す形容詞と一緒でないので，of ではなく for を使う。(3)〈形容詞〔副詞〕＋ enough to ～〉の語順。(4)「アイスクリームの作り方」なので how to ～ となる。

6 解答 (1) something cold to drink (2) for foreigners to learn〔study〕Japanese (3) to hear the good news (4) He made me sign the paper

解説 (2)形式主語 It に対する真主語は to learn Japanese。(4)強制的に「～に…させる」は〈make＋O＋原形不定詞〉の形を用いる。

応用問題   p.45

1 解答 (1) talk → talk with〔to〕 (2) when go out → when to go out (3) of → for (4) to go → go (5) for を取る

解説 (1) talk with〔to〕a friend から with が必要なことがわかる。(2)〈疑問詞＋不定詞〉。(4)知覚動詞 saw の後は原形不定詞。(5) me は不定詞の意味上の主語にあたるものだが，allow の目的語なので for は不要。

2 解答 (1) My parents promised to help me. (2) I find it quite natural for them to hate each other. (3) The boys seem to be delighted with the news. (4) The question is too difficult for anybody to solve. (5) They were standing close enough for us to overhear their conversation.

解説 (1) promised の目的語を不定詞にする。(2) that 節を不定詞にする。(3) seem to ～ の形にする。(4) so ～ that ... not は too ～ to ... で言いかえることができる。(5) enough to ～ を使うが，for ... を to ～ の前に置くことに注意。

3 解答 (1) My uncle taught me how to drive a car. (2) Some people don't have the desire to be rich or (to be) famous. (3) She was so kind as to lend me the novel.

解説 (1)「～の仕方」は how to ～ で表す。(2) desire にかかる不定詞を作る。(3)～ kind enough to lend me the novel. としてもよい。

第8章 動名詞

基本問題   p.47~48

1 解答 (1) The girl succeeded in swimming across the river. (2) Clean your teeth before going to bed. (3) Answering questions requires a lot of knowledge. (4) The old man left the room without saying a single word. (5) Susan enjoyed camping with her friends last weekend.

解説 (1)前置詞の目的語としての動名詞。(2) before you go to bed という節を句にしたのが before going to bed である。(5) enjoyed の目的語を動名詞で表す。

2 解答 (1) My cousin likes swimming in the river. (2) I was scolded for being late. (3) We learn much from watching television. (4) I have no objection to your going alone. (5) His mother is proud of Bob's〔Bob〕being a member of the Boy Scouts.

解説 (1) likes の目的語の位置に動名詞をはめこむ。(2)前置詞の目的語に動名詞を使う。(4)動名詞の意味上の主語をつける場合は代名詞の所有格を使うのが原則。

3 解答 (1)(ア)彼女は子どもたちと話すのを急にやめた。(イ)彼女は子どもたちと話すために急に立ち止まった。(2)(ア)私は学校へ行く途中で手紙を投函したことを覚えている。(イ)学校へ行く途中で手紙を忘れずに投函してください。(3)(ア)彼は貧しいことを恥ずかしく思っていない。(イ)彼は父親が貧しいことを恥ずかしく思っていない。

解説 (2)(ア) remember ～ing は「～したことを覚えている」で，～ing は過去のことを表す動名詞。(3)(イ) his father は being の意味上の主語。

4 解答 (1) not, having〔having, no〕 (2) your (3) On (4) no (5) without

解説 (1) of の目的語としての動名詞。(2) saying の意味上の主語としての your が必要。(3) on ～ing は「～したとたんに」。(4) There is no ～ing は「～することは不可能である〔とてもできない〕」。

5 解答 (1) I have no doubt of his coming

here. (2) She is ashamed of having been lazy when she was young. (3) On finding out the result, he turned pale. (4) He is proud of his son 〔son's〕 being clever. (5) I remember coming here once.

解説 (1) that 節を動名詞を用いて書きかえるが, 名詞 doubt につなげるために前置詞 of が必要。 (2) is ashamed が現在時制で, was lazy が過去時制なので, このズレを完了形の動名詞で表現する。 (4) be proud that 〜を単文にするには be proud of 〜を使う。 (5) remember は現在時制で, came は過去だが, remember 〜ing の 〜ing は過去のことを意味するので完了形の動名詞を使わなくてよい。

6 解説 (1) そりに乗って斜面をすべるのはとても面白い。 (2) ここで私を待っていていただけないでしょうか? (3) 私は読書中にじゃまされたくない。 (4) 彼女がすぐに回復する望みはない。 (5) 日曜日は人を訪問する〔人に電話をかける〕のにふさわしい日ではない。常に平日を選ぶべきである。

解説 (2) Would you mind 〜ing? は「〜していただけませんか?」の意味で, ていねいな依頼に用いられる。 (3)「〜されること」は受動態の動名詞で, 〈being ＋過去分詞〉の形で表される。

POINT
mind 〜ing に注意
Would you mind 〜ing? は「〜していただけませんか?」の意味で用いられるていねいな依頼であるが, このように問われた場合, 「ええ結構ですよ」と承諾するのであれば Yes といってはいけない。mind 〜ing は「〜することをいやに思う」の意味だからである。承諾には No, not at all. とか, 簡潔に Sure (Surely). などと答える。

応用問題 p.49

1 解答 (1) not, having (2) no, knowing〔telling〕 (3) use, your (4) being, asked

解説 (1) 否定の動名詞として not をつけ, 時制のズレを完了形で表現する。 (2)「〜することはまったくできない」は There is no 〜ing の構文を使う。 (3) trying の意味上の主語を your で表す。

2 解答 (1) I don't feel like going with the lady. (2) He never meets me without telling me to do my best. (3) He is proud of his son having been educated in Europe.

解説 (1)「〜したい気がする」は動名詞を用いれば feel like 〜ing。 (2)「会えば必ずいう」は「いうことなしに会うことはない」と同じ。 (3) 完了形で受動態の動名詞にする。

3 解答 手をたびたび洗うことで細菌からまぬがれ, 細菌が体内に侵入するのを予防することを知らなければならない。

解説 prevent ... from 〜ing は意訳すれば「…が〜しないようにする」になる。

4 解答 (1) He gave up buying a new car. (2) I like singing, but (I) don't like to sing that song. (3) I felt like crying then. (4) Don't be afraid of making mistakes in speaking〔when you speak〕English.

解説 (2) like 〜ing は「(一般的に) 〜することは好きである」の意味であるが, like to 〜は「(今) 〜したい」の意味で使い分けることがある。 (4) 前置詞の次に動詞を入れる場合には必ず動名詞にする。

第9章 分詞

基本問題 p.51〜52

1 解答 (1) carrying (2) spoken, spoken (3) surprised (4) walking (5) unlocked

解説 (1) carrying は a young lady を修飾する形容詞の働きをしている。 (2)「話されている英語」の意味で, 受動的な意味がこめられているので過去分詞。 (3)「驚く」は be surprised で, この be 動詞に代えて look が用いられている。 (4) 〈知覚動詞＋目的語＋現在分詞〉の構文。 (5) The door was unlocked. (ドアにはかぎがかかっていなかった) という文からも判断できるように目的補語に過去分詞を使う例。

2 解答 (1)(ア) 彼は人を退屈させる男だ。 (イ) 彼は退屈している。 (2)(ア) 沸騰しているお湯 (イ) 沸かした水 (3)(ア) 少年はそのとき恐ろしい顔をしていた。 (イ) 少年はそのときおびえたような顔をしてい

た。　(4)(ア)彼は盗まれた自分の自転車を見つけた。(イ)彼は何日か前に自分の自転車が盗まれたのに気がついた。

解説 (2)(ア)は現在沸騰している最中であり，(イ)は沸騰した事実があって，その後さめてしまっているかもしれない水を指している。　(3) be terrified は「おびえる」の意味。　(4)(ア)では his stolen bicycle が found の目的語であるのに対し，(イ)では his bicycle が目的語で, stolen は目的補語。

3 **解答** (1) bought　(2) caught　(3) been, learning　(4) speaking　(5) wounded　(6) surrounded

解説 (2) be caught in a shower で「にわか雨にあう」。 (3)現在完了進行形にする。 ここでは seem を使い「満足しているようだ」とする (5)「負傷する」は be wounded で表す。この過去分詞 wounded が形容詞として用いられている。

4 **解答** (1) sleeping　(2) written　(3) smiling　(4) running　(5) waiting

解説 (2)受動的意味から過去分詞。 (3)主格補語として用いられている現在分詞。 (4)〈知覚動詞＋目的語＋現在分詞〉の構文。 (5)「人を待たせる」は〈keep＋人＋waiting〉と覚える。

5 **解答** (1) cutting → cut　(2) interesting → interested　(3) satisfying → satisfied　(4) closing → closed　(5) He had his wallet stolen. にする。　(6) excited → exciting

解説 (1)「散髪する」は have one's hair cut。 (2)「〜に興味をもっている」は be interested in 〜。 (3)「〜に満足する」は be satisfied with 〜。ここでは seem を使い「満足しているようだ」とする。 (5)〈have（使役動詞）＋目的語＋過去分詞〉。

6 **解答** (1)転がる石にはこけは生じない。(2)彼女は夫が帰ってくるのを待ち続けた。　(3)彼女は船が出港するのを眺めた。　(4)野原は死傷者でおおわれていた。　(5)私の英語は通じない。

解説 (1)ことわざ。　(2) keep 〜ing は「〜し続ける」。 (4) the killed＝killed people, the wounded＝wounded people　(5) make oneself understood は「自分のいうことを人にわかってもらう」の意味。

応用問題　p.53

1 **解答** (1) wearing　(2) named　(3) written　(4) raising　(5) running　(6) said

解説 (3) His name was written on the wall. という関係から考えて過去分詞が妥当。 (5)主格補語としての現在分詞。 (6)「よくいわれる」は受動的表現。

2 **解答** (1) I found a wounded soldier. (2) Will you take care of the car belonging to my brother?　(3) He heard the train approaching. (4) She stood on a hill commanding a fine view.

解説 (3) a sound に代えて the train を目的語にする。 (4)現在分詞 commanding でつなぐ。

3 **解答** (1) Don't jump into〔on〕a train just starting.　(2) The sky became threatening. (3) Who is the girl painting a picture on the bank of the river?　(4) I am going to the barber's to have my hair cut.　(5) Can you make yourself understood in English?

解説 (2)現在分詞 threatening を補語にする。 (4) have に代えて get を用いてもよい。　(5) make oneself understood（自分のいうことを人にわかってもらう）を使う。

実戦問題　p.54〜55

1 **解答** (1) need　(2) may　(3) must (4) may〔can〕, must　(5) cannot〔can't〕　(6) used (7) ought〔have〕

解説 (1)「その必要はありません」 (2)「私はそういったかもしれない」 (3)「面白いにちがいない」 (4)「いつ来てもよいが, いつかは来なくてはいけない」 (5)「本当のはずがない」 (6)「チョコレートが好きだった」（過去の習性） (7)「君くらいの年齢なら，もっと分別があるはずだ」

2 **解答** (1) The girl was so lucky as to win first prize.　(2) The boy was too proud to ask for his parents' help.　(3) It is quite natural for the couple to love each other.　(4) He stepped aside for the lady to pass.　(5) I awoke to find myself lying on a hospital bed.

解説 (1) so 〜 as to ... を用いるほかに, 〜 enough to ... を用いて The girl was lucky enough to win first prize. としてもよい。 (2) so 〜 that ... の構文において that 節中に否定語が入っていれば, ふつう, too 〜 to ... で書きかえが可能。 (3) that 節中の主語である the couple を不定詞の意味上の主語 for the couple とする。 (4) so that the lady might pass は「その女性が通れるように」の意味の副詞節で, これを目的を表す不定詞にする。ここでは意味上の主語をともなって for the lady to pass とする。
(5) found myself lying on a hospital bed を「結果」を表す不定詞にまとめ, 目を覚ました結果がどうだったかを不定詞で表現する。

POINT 「結果」を表す不定詞

「結果」を表す不定詞が用いられる文に次のようなものがある。

I awoke **to find** myself famous.
（目を覚ましたら私は有名になっていた）

これは無名だったイギリスの詩人バイロン(1788〜1824)が, ある詩集を出版したところ飛ぶように売れて一躍有名人になったときの言葉として, よく引用されている。

---

3 **解答** (1) before, going (2) my, smoking
(3) help, feeling または but, feel (4) being, treated
(5) having, married

解説 (1)「寝る前に」を副詞節で表すと before she goes to bed だが, これでは語数が合わない。before を前置詞と考えその目的語に動名詞を用いる。
(2) Would you mind 〜ing? は「〜していただけませんか?」の意味で, 丁寧な依頼の表現。mind は「〜をいやに思う」の意味の他動詞。「たばこを吸ってもよいですか?」は依頼ではなく, 許可を求めているので, 動名詞 smoking に意味上の主語をつける。人称代名詞が意味上の主語になる場合は所有格が原則。
(3)「〜せずにはいられない」は cannot help 〜ing か〈cannot but ＋動詞の原形〉を使う。 (4)「扱われる」は受動態で be treated。これをそのまま動名詞にすれば being treated になる。 (5)「いやになった」は hated で, 過去時制で表されている。結婚したのはそれに先立つことなので, この時間的ズレを完了形の動名詞で表す。

4 **解答** (1) be done (2) to sing (3) to (4) whom are (5) anybody

解説 (1)目的語が主語に転じているので受動態を考える。 (2)知覚動詞を受動態にすると原形不定詞は to 不定詞にかわる。 (3)「〜に知られている」は be known to 〜。この to は by の代わりに用いられた前置詞。 (5)否定語 nobody が not と anybody に分解されたもの。

5 **解答** (1) taken (2) saying (3) hearing
(4) understood

解説 (1)「湖のほとりで写真をとってもらった」が文意。〈have ＋目的語＋過去分詞〉の使役構文。 (2)前置詞の直後は動名詞。 (3) look forward to 〜ing で「〜することを待ち望む」。この to は不定詞を作る to ではなく, 前置詞であることに注意。 (4) make oneself understood で「自分のいうことを人にわかってもらう」。

6 **解答** (1) I saw her driving her own car. (2) A black dog came near(up) to us barking. (3) Here is a broken camera. It is a camera broken by Tom. (4) The baby kept crying all night.

解説 (1)〈知覚動詞＋目的語＋現在分詞〉 (2)「ほえながら」を主格補語としての現在分詞で表す。 (4)「〜し続ける」は keep 〜ing。

大学入試レベルにチャレンジ p.56〜57

1 **解答** (1)③ (2)④ (3)④ (4)① (5)③ (6)②
(7)③ (8)① (9)③ (10)③ (11)④

解説 (1) refresh は他動詞。目的語の you は refresh されるという受動の関係なので過去分詞にする。
(2) quit は動名詞を目的語にとる。 (3) delay は「遅らせる」という他動詞。「遅れる」は be delayed とする。 (4) stop to 〜は「〜するために止まる」。
(5)〈feel ＋ O ＋ C (動詞の原形)〉の文。 (6) pay attention to 〜 (〜に注意を払う) の過去完了の受動態の文。 (7) dry の目的語が主語と同じなのであと

15

に it は不要。 (8) unless のあとに it(= milk) is が省略されている。 (9)進行形の受動態の文。 (10) What do you say to ～ing で「～するのはどうですか」。 (11) lie on one's side で「横向きの状態である」という意味。lie の現在分詞形は lying。

2 解答 (1) an absolute must for us to cut down on electricity (2) are being made to make this beach (3) It's a great relief to know you're safe (4) my German was too poor to make myself understood (5) pushed the books aside to make room for me to sit (6) her boss was angry about having been kept

解説 (1) It ... for − to ～.の文。 (2) make great efforts の進行形の受動態の文。 (3) It's ... to ～ .の文。 (4) too ... to ～の文。make oneself understood で「自分を理解してもらう」。 (5)「私が座る場所をつくるために」と考えて、to make room for me to sit とする。 (6)「～のことを怒っている」は be angry about ～。「ずっと待たされていたことについて」と考えて、about having been kept waiting と続ける。

3 解答 (1)⑤, ④ (2)①, ⑤

解説 (1) seems to know how to get around problems。seem to know how to ～で「～のしかたを知っているようだ」。 get around ～で「(問題など)を回避する」。 (2) eating blueberries have to do with。have ... to do with A で「A と…の関係にある」。

第10章 名詞と冠詞

基本問題 p.59～60

1 解答 (1)普通名詞, 物質名詞 (2)物質名詞, 物質名詞, 物質名詞, 普通名詞 (3)固有名詞, 普通名詞 (4)集合名詞, 普通名詞 (5)普通名詞, 抽象名詞

解説 (1) glass は「ガラス」の意味では物質名詞であるが、ガラス製品の意味では普通名詞で複数形にもなる。 (3)ここの Sandwich は食品としての「サンドイッチ」ではなく、実在した貴族の名で固有名詞。 (4)集合名詞 audience は形は単数でも、複数の人々を意味しているので were で受ける。

(5) information は much がついていることからもわかるように不可算であり、抽象名詞。

2 解答 (1) These knives cut well. (2) You see very tall chimneys over there, don't you? (3) The dogs look after sheep. (4) The ladies were very kind to the children. (5) These oxen have served you well for years.

解説 (1) knife のように -fe で終わる名詞は fe を v に変えて -es をつける。This も These に変える。 (2) chimney のように〈母音字＋y〉で終わる名詞は -s だけをつける。 (3) sheep は単複同形。 (4) lady のように〈子音字＋y〉で終わる名詞は y を i にかえて -es つける。child の複数形に注意。 (5) ox の複数形は oxen。for a year の複数形 for years は「長年」の意味。

3 解答 (1) half day → half a day (2) capital → the capital (3) day → a day (4) sun → the sun, east → the east, west → the west (5) noble young man → a noble young man

解説 (1)「半分の～」は half a ～。 (2) of France という限定語句があるので the がつく。 (3)「1日」なので a day。 (4)ただ1つしかないものには the がつく。 (5) prince of Denmark は Hamlet と同格。役職、立場を表す名詞が名前と同格になる場合は無冠詞。

4 解答 (1)理髪師の店〔理髪店〕 (2)医者の到着 (3)彼の友人の救助 (4)トムの子どもたち

解説 (1) barber's は barber's shop の意味。 (2)主格関係の所有格(医者が到着する)。 (3)目的格関係の所有格(彼の友人を救助する)。 (4)文字どおりの所有。

5 解答 (1) year's → years' (2) all money → all the money (3) sheeps → sheep, deers → deer

解説 (1) two years の所有格。-s で終わる複数形の所有格はアポストロフィのみを語尾につける。 (2) I gave him という形容詞節の限定を受けているので money には定冠詞 the が必要。

6 解答 (1) three million, two hundred（and）five thousand, four hundred（and）seventy-eight (2) July（the）twenty-first (3) seven 0〔ou〕〔zero〕three nine (4) thirteen dollars（and）twenty-five cents

解説 (1)解答の( )内の and は入れなくてもよい。(2) the は入れなくてもよい。 (3) 0 は[ou]と読む。

7 解答 (1) 1時間ばかり歩いて学生たちはホワイト先生の家に着いた。学生たちはみなホワイト先生を慕っている者たちであった。 (2)私たちはミツバチのように、人生という花園を通り抜けながら、ここかしこで幸福というはちみつを少しずつ手に入れなければならない。

解説 (1) Ms. White's は Ms. White's house の意味。Ms. White's admirers は「ホワイト先生を慕う人たち」の意味で、目的格関係を表す所有格。(2) honey of happiness は「幸福というはちみつ」、the garden of life は「人生という花園」の意味で、この2つの of は同格関係を表す。

応用問題　p.61

1 解答 (1) are (2) sweet (3) fortieth (4) an (5) the, the

解説 (1) family は集合名詞であるが、その構成員を表す場合は複数としてとらえ、動詞を複数に合わせる。(2) smell は「〜のにおいがする」の意味で補語をとる。補語は副詞ではなく形容詞。 (3)「40回目の」だから序数。 (4) of an age で「同じ年」。この不定冠詞は「同じ」の意味。 (5)最上級は定冠詞をともなう。world は、地理的な「世界」という意味で使うときは常に the world とする。

POINT　family は単数か複数か

集合名詞は集合体としては単数に、構成する各人に着目すれば複数に扱われる。たとえば family では次のような違いが出てくる。

His family *is* a large one.
（彼の家族は大家族である）

His family *are* all fond of tennis.
（彼の家族はみなテニスが好きである）

2 解答 (1) Englishman → Englishmen (2) hundreds → hundred (3) a such → such a (4) Asian people → an Asian people (5) for hour → for hours

解説 (2) hundreds of 〜（何百という〜）の場合を除いて、hundred には s をつけない。 (3)「そのような〜」は such a 〜。 (4) people が「人々」ではなく「国民, 民族」の意味では、普通名詞扱いになり、不定冠詞をつけたり、s がついたりする。「日本人はアジア民族である」 (5)「何時間もの間」は for hours。

3 解答 (1) Driver, please stop (the car) in front of that tall building. (2) A Mr. Tanaka came to see you.

解説 (1)呼びかけ語は無冠詞。「〜の前」は in front of 〜。 (2)「〜さんという方」には a Mr.〔Ms.〕〜と不定冠詞をつける。

第11章 形容詞

基本問題　p.63〜64

1 解答 (1) much (2) few (3) few (4) a few (5) frightened

解説 (1) sugar は物質名詞なので不可算名詞であり、many はつかない。 (2) days は可算名詞なので few。 (3) few students の意味での few を選ぶ。(4)逆接の but を使っていることから a few が適切。(5) afraid には叙述用法しかないので、ここでは使えない。

2 解答 (1) The → A (2) asleep → sleeping (3) new something → something new (4) few → little

解説 (1)「多くの人々」の意味にする。 (2) asleep には限定用法はない。 (3) -thing に対しては形容詞は1語であっても、うしろから修飾する。 (4)「〈量が〉少ない」は little。

3 解答 (1) The children playing in the park saw the accident. (2) Won't you have something cold to drink? (3) He is one hundred and eighty centimeters tall. (4) I found the bed comfortable.

解説 (1) playing in the park が children をうしろから修飾する。 (2)〈something ＋形容詞＋to *do*〉の形。 (3)〈数字＋単位＋形容詞〉の形。 (4)〈find＋O＋C〉の語順で表現する。

4 解答 (1)(ア)この市の車の数は増えた。 (イ)多くの車が輸出された。 (2)(ア)赤いバラを見つけた。

(イ)そのバラが赤いとわかった。　(3)(ア)棚にはほとんど本がない。　(イ)棚には数冊の本がある。　(4)(ア)私は小さな動物が好きです。　(イ)私にはほとんどお金が必要ではない。　(5)(ア)彼は今きげんが悪い。　(イ)彼は今病気で寝ている。

解説　(1) the number of ～は「～の数」, a number of ～は「多くの～」。(2)上の some red roses は目的語, 下は〈the roses(=O)＋red(=C)〉。(3) few は「ほとんどない」, a few は「少しある」。(4)〈little ＋複数名詞〉の little は「小さくてかわいい」,〈little ＋不可算名詞〉の little は「ほとんどない」。(5)限定用法の ill は続く名詞に対して「悪い」, 叙述用法の ill は「健康状態が悪い」の意味。

5 **解答** (1) some old small wooden　(2) all the four smart French　(3) these nice little red

解説 (1) some は「数」を表す。(2)〈all the ＋数量〉

6 **解答** (1) He has a lot〔number〕of〔many〕books.　(2) He has a lot of〔much〕money.　(3) He had a bag full of books.　(4) The dictionary was of great use.　(5) My son likes this new wooden toy.

解説 (1)「たくさんの～」は a lot〔number〕of ～か many ～で表す。次には複数名詞が続く。(2)「たくさんの～」は a lot of ～か much ～で表す。うしろには不可算名詞が続く。(3) full of books がうしろから a bag を修飾する。(4) of great use ＝ very useful　(5)形容詞の並ぶ順に注意。

応用問題　p.65

1 **解答** (1) is　(2) are　(3) are　(4) is

解説 (1) 1個のリンゴのうち some(ある部分)が腐っているのだから, この主語の some は不可算。(2)複数のリンゴのうち some apples(部分数)が腐っているから主語の some は可算で, 複数形で受ける。(3) A number of cars＝Many cars　(4)文の主語は the number で, 単数形。

2 **解答** (1) a little　(2) many　(3) the number　(4) a little

解説 (1) books は可算名詞の複数形なので, a little は不可。(2) money は不可算名詞なので, many は不可。(3)動詞が are なので, 主語が複数形である必要がある。the number of ならば主語は単数形で動詞は is となる。(4) little cats は「小さなネコ」で可能。

3 **解答** (1)この機械はその仕事をする上でとても役立ちます。　(2)私の友人は皆そのパーティに出席していました。　(3)故スミス氏は医者でした。　(4)彼はある村に住んでいます。　(5)彼は中古車を買った。

解説 (1) of great help は very helpful。(2) present は叙述用法で「出席する」の意味。(3) late は限定用法では「故(亡くなった人につける)」の意味。(4) certain は限定用法では「ある(名前を知っていても言わない場合)」の意味。(5) used は限定用法で, 「中古の, 使い古しの」の意味。

第12章　副詞・否定

基本問題　p.67～68

1 **解答** (1) early　(2) very　(3) there　(4) Foolishly　(5) still, not

解説 (1) get up を修飾する。(2) beautiful を修飾する。(3) The girl を形容詞的に修飾する。(4) they 以下の文を修飾する。(5) still は「それにもかかわらず」という意味で接続詞的な働きをする副詞である。

2 **解答** (1)副詞　(2)前置詞　(3)接続詞　(4)前置詞　(5)形容詞　(6)副詞

解説 (1)「私は彼女にその後会っていない」が文意。(2)「私は彼女に1990年以来会っていない」が文意。(3)「パーティで会って以来, 私は彼女に会っていない」の意味である。(4)「その犬はテーブルのまわりを走った」が文意。(5)「私はその店で丸いテーブルを買った」が文意。(6)「女の子たちは輪になって踊っていた」が文意。

3 **解答** (1)彼女は試験に合格するために一生懸命勉強した。　(2)私は彼のいったことをほとんど信じられなかった。　(3)メアリーはその夜, 一生懸命働いて夜遅く寝た。　(4)彼女は最近たくさんの本を読んでいる。　(5)私が呼ぶと, その犬は近くにやって来た。　(6)私のバッグは, あやうくそのどろぼうに盗まれるところだった。　(7)私はすべての映画を見たわ

けではない。

解説 (1)(2) hard は「熱心に」, hardly は「ほとんど〜ない」の意味。 (3)(4) late は「遅くまで」, lately は「最近」の意味。 (5)(6) near は「近くに」, nearly は「あやうく」の意味。 (7) not 〜 all は「すべて〜というわけではない」という意味の部分否定である。

4 **解答** (1) last (2) always (3) but (4) little (5) until〔till〕

解説 (1) the last 〜は「最も〜しそうもない」の意味。 (2) not 〜 always は「いつも〜とは限らない」。 (3) no 〜 but ... は「... ない〜はない」。 (4)かっこの位置が He could (　) work yesterday. ならば、ここには hardly が入る。 (5) not 〜 till〔until〕... は「... して初めて〜」という意味。

5 **解答** (1) before → ago (2) did not buy → bought または neither → either (3) happily → happy

解説 (1)過去時制では「〜前」という場合には〜 ago を用いる。完了時制では〜 before を用いる。 (2)「両方とも〜でない」という言い方は not 〜 either か neither を用いる。 (3)「〜そうに見える」という意味では〈look ＋形容詞〉になる。

6 **解答** (1) far (2) but (3) too

解説 (1) not 〜 at all は far from 〜で書きかえられる。 (2) only＝nothing but (3) so 〜 that — cannot ...＝too 〜(for —) to ...

応用問題　p.69

1 **解答** (1) 2 (2) 1

解説 (1)「ほとんど〜ない」という意味にするには hardly を用いる。 (2)時制が過去完了なので before を用いる。

2 **解答** (1) probable (2) Whenever, think (3) some (4) but

解説 (1) probably は, It is probable でいいかえられる。 (2) Whenever を用いる。主節に always などを用いることもある。 (3)「何冊かは買った」という意味なので some を用いる。 (4) no 〜 who〔that, which〕... not は no 〜 but ... で表現できる。

3 **解答** (1) I did not know the news until I went to school. (2) We cannot praise his work too much. (3) He seldom writes to his parents because he is very busy.

解説 (1) not 〜 until ... は「... して初めて〜する」の意味。 (2) cannot 〜 too ... は「いくら〜してもしすぎるということはない」の意味。 (3) seldom は「めったに〜しない」という意味。

第13章　代名詞

基本問題　p.71〜72

1 **解答** (1) him, me (2) himself (3) ours (4) that (5) ones

解説 (1)前置詞の目的語は必ず目的格。 (2)目的語が女性なら herself。 (3) this と our の 2 つが room につくときにはこの形になる。 (4)この that は that of 〜の形でよく登場する。

2 **解答** (1) mine (2) another (3) the other (4) Each (5) that, those

解説 (1) mine は my pencil を意味する。 (2) other 単体は, 次に名詞がこなければ使えない。 (3) 2 つのものは, one と the other で表す。 (4)動詞が has だから all は使えない。 (5) manners（複数）を受けるには those が適切。

3 **解答** (1) know → knows (2) that your book → that book of yours (3) are → is (4) it → one (5) Osaka → that of Osaka

解説 (1) Nobody は単数扱い。 (2) that と your を併用するときの表現。 (3) each は単数扱い。 (4)〈不定冠詞 ＋ 名詞〉は one で受ける。 (5) the population of Osaka の下線部を代名詞で表す。

4 **解答** (1) My brother knows nothing about politics. (2) It seems that the girl is very kind to others. (3) My grandmother lives in the house by herself.

解説 (1) not 〜 anything が nothing に変わる。 (2) The girl は that 節中の主語になる。 (3) alone は by oneself で置きかえられる。

5 **解答** (1)「彼らが 2 人とも貧乏というわけではない。」 (2)「私たちの誰もその事実を知らない。」

(3)「この2冊の小説はどちらも読んでいない。」

🔴解説 (1) both of them は「彼ら2人とも」 (2) none of us は「私たちの誰も～ない」 (3) not either of ～ は「どちらも～ない」

⑥ 🔴解答 (1) Here are my gloves. Where are yours? (2) It is natural that you (should) get angry. (3) His mother was ill〔sick〕. That〔This〕 is why he did not come.

🔴解説 (1) your gloves を yours で表す。 (2) that you (should) get angry をさす形式主語 It を使う。that 節中の should は話し手の判断や感情などを表す文でよく使う。 (3)「それが」は It ではなく, This か That を使うのがよい。

POINT
慣用表現での it
it は何をさすわけでもなく,漠然とした状況をいうときにも使われ,次のような慣用表現として用いられる。
It is all over with me.
(私はもう完全にだめだ)
We have had a good time of it.
(私たちは楽しい時を過ごした)

⑦ 🔴解答 (1)好機はすべての人にやってくるが,その好機が来たときに,すべての人がその好機を受け入れる準備ができているわけではない。 (2)金持ちが必ずしも幸福というわけではないとよくいわれる。

🔴解説 (1) all と not は部分否定を作る。 (2) those who ～は「～する人々,～な人々」の意味。

応用問題 p.73

① 🔴解答 (1) We (2) It (3) yours (4) one's (5) that

🔴解説 (1) our があることから We。 (2) to be punctual をさす形式主語 It。 (3) your pen を1語でいったもの。 (4)不特定の人をさす one の所有格は one's である。

② 🔴解答 (1) yours (2) itself (3) those (4) none (5) All

🔴解説 (2) repeat の目的語としての再帰代名詞。 (3) In those days は「当時は」の意味。these days は「近ごろ」。 (4) no one は「だれも～ない」の意味。 (5) seek とあるから主語は複数。

③ 🔴解答 (1) me → mine (2) Your both → Both your (3) it → one (4) another → the other (5) the either → either

🔴解説 (2)〈both〔all〕＋所有格＋名詞〉の語順。 (4) 2つのもの〔人〕については one と the other を使う。 (5) either の前に the はつかない。

🏛️大学入試レベルにチャレンジ p.74～75

1 🔴解答 (1)④ (2)① (3)④ (4)③ (5)① (6)① (7)③ (8)② (9)① (10)②

🔴解説 (1) the impossible で「不可能なこと」。 (2)「どれも好きでない」の意味。 (3) be aboard a ship で「船に乗る」。 (4) as such は「そのようなものとして」。 (5)〈so ＋形容詞＋a＋名詞〉の語順。 (6) quite a few は「(かなり)多数の」。 (7)主語になるのは代名詞。 (8) almost は副詞。「～のほとんど」という言い方に注意。 (9)「大勢の観客」というときは audience の前に large や big をつける。 (10)「(双子の)どちらにもまだ会っていない」の文。

2 🔴解答 (1) never see him without remembering (2) finishes the examination last doesn't always get a good grade (3) not only lectures but also research to be done (4) The baby swallowed something inedible and went blue in the face (5) one in every ten people will own

🔴解説 (1) never ... without ～ing で「…すれば必ず～する」。 (2)「いつも～だとは限らない」は not always ～の部分否定の文。 (3)「A だけでなく B も」は not only A but also B。 (4)「青くなる」は go blue。 (5)「10人にひとり」は one in every ten people。

3 🔴解答 (1)③ (2)④ (3)① 4. ①

🔴解説 (1) glass → glasses。 (2) the doctor → a doctor。「その医師」と限定する用法ではないので a doctor とする。 (3) Do you know the name of bird → Do you know the name of the bird。「あの枝にいる(その)鳥」と限定されるので the が必要。 (4) The whole members → The whole member。whole の

あとは単数名詞。

第14章 関係詞①—関係代名詞

基本問題　p.77〜78

1 解答 (1) whom　(2) whose　(3) that　(4) what　(5) that

解説 (1) loved の目的語。(2)「その表紙」の意味で所有格。(3)先行詞に the only という強い限定語がある。(4)先行詞を含む関係代名詞が必要。(5)「人と動物」が先行詞。

2 解答 (1) whom　(2) whose　(3) which　(4) What　(5) that　(6) which

解説 (3) the top of which は whose top と同じ意味。(4)「きみが今必要とするものはより多くの知識だ」(6)先行詞は前文全体。継続用法だから which を使う。

3 解答 (1) The boy who〔that〕is very honest is loved by all. (2) Here are some books that〔which〕may interest you. (3) She was a well-known singer whose voice delighted the whole world. (4) I knocked on the door, which was opened by a servant.

解説 (2)「あなたに興味を起こさせるかもしれない数冊の本がここにある」(4)継続用法としてコンマを置き, which を使う。

4 解答 (1) it を削除する　(2) which → in which　または live → live in　(3) what → which〔that〕(4) that → which　(5) that → who

解説 (1) bought の目的語は which なので it は不要。(2) in がどちらかに必要。(4)前置詞の直後に that は使えない。(5)継続用法だから that は使えない。

5 解答 (1) that　(2)省略できない　(3) which　(4)省略できない

解説 (2)前置詞の直後の目的格は省略できない。(4)継続用法では目的格であっても省略できない。

6 解答 (1)(ア)彼は彼女に, 彼女が気に入りそうな絵を送った。(イ)彼は彼女に絵を送ったが, その絵〔そのこと〕が彼女を喜ばせた。(2)(ア)重傷を負わずに逃げおおせた乗客が少数いた。(イ)乗客が少数いたが, (全員が)重傷を負わずに逃げおおせた。

解説 (1)(イ)の先行詞を a picture ではなく, 前文の He sent her a picture 全体ととることも可能である。(2)(イ)は継続用法で,〈, who〉は and they の意味。

7 解答 (1) The boys who live near my house go to school by bus.　(2) I cannot do the work, which is so difficult.　(3) Mr. Yamada is the only friend that〔whom〕I have in Tokyo.

解説 (2) which を継続用法として使う。(3) the only があるから that を使うのがふつう。

応用問題　p.79

1 解答 (1) whose　(2) what　(3) that〔which〕(4) whose　(5) Whoever　(6) which

解説 (1) in whose shade は「その木陰で」の意味の副詞句。(2) what is right は「正しいこと」, you think は挿入節。(5) whoever は anyone who と置きかえられ, 先行詞を含む複合関係代名詞。(6)先行詞は文全体。

POINT 違いに気をつけよう

先行詞に the same がついている次の2文の相違に気をつけよう。

You have **the same** watch **as** I have.
（きみは私と同じ時計を持っている）

You have **the same** watch **that** I lost.
（きみは私がなくした時計を持っている）

the same 〜 that ... は同一物を意味する。

2 解答 (1) who → whom　(2) which → that〔as〕(3) whom → who　(4) whomever → whoever

解説 (1)前置詞の目的語。(2)原則として the same 〜 that ... で同一物, the same 〜 as ... で同種類を表す。(3) was の主語として who が必要。I believed は挿入節。(4) anyone who＝whoever

3 解答 (1) This is all that I have to tell you.　(2) I did not have anyone with whom I could consult.　(3) We have two spare rooms upstairs, neither of which has been used for years.　(4) You are the only person that can help him.

解説 (1) all を先行詞にしてまとめる。(2)不定詞→

関係代名詞節。 (3) and を削除し, them を which にする。 (4) the only person that ～でまとめる。

第15章 関係詞②―関係副詞

基本問題
p.81〜82

1 解答 (1) where (2) when (3) why (4) way

解説 (1) We met there for the first time. の there にあたるものが where。 (2) He was born on the day. の on the day にあたるのが when。 (4)定冠詞 the があるので how ではなく way。

2 解答 (1) where (2) when (3) why (4) how (5) where

解説 (1)場所の where。 (2)時の when。 (3) reason のあとの why。 (4)方法の how。 (5)「大阪へ行き, そこで病気になった」

3 解答 (1) where → which〔that〕, または where か in を削除。または in which he lives とする。 (2) which → when〔that, on which〕, または which を削除。 (3) which → why〔that, for which〕 (4) where → which〔that〕

解説 (1)前置詞があるので関係代名詞にする。 (2) on which にしてもよいのは on the day を前提としている。 (4) the park(場所)が先行詞であっても where にはならない。次の is の主語となる関係代名詞が必要である。

4 解答 (1) That is the hotel where we had lunch. (2) The day when we started was fine but very cold. (3) We went to the seashore, where we found a lot of pretty shells. (4) The reason why he cannot succeed in anything is evident.

解説 (1) at a hotel を関係副詞 where にして文をつなぐ。 (2) on that day を関係副詞 when にして文をつなぐ。 (3)時間的前後関係を考えると継続用法を用いるとよいことがわかるだろう。 (4) for it が why he cannot succeed in anything にあたる。「彼が何事にも成功できない理由は明らかだ」という文になる。

5 解答 (1) wherever (2) reason, why (3) way

解説 (1) to any place は「いかなる場所へも」の意味。 (2) What と 文末の for が Why にあたる。 (3) in such a way as this は「こんな方法で」の意味。

6 解答 (1) The hotel where we stayed last summer had twenty stories. (2) Tell me the time when the department store closes. (3) Does anyone know (the reason) why he has gone out of the room? (4) Mother's Day is〔falls〕on the second Sunday of May, when children take good care of their mothers.

解説 (1) where の代わりに at which にしてもよい。 (3)「関係詞を用いて」という制約がなければ the reason を残して why を省略することも可能。 (4) the second Sunday of May を先行詞にして when を継続用法で使う。

応用問題
p.83

1 解答 (1) where (2) when (3) when (4) why (5) which (6) Whenever

解説 (5) on がなければ when になる。

2 解答 (1) Do you know the reason why he was praised? (2) Tell me how your master always treats you. (3) No one knows the time when he will come.

解説 (3) at some time or other は when に置きかわったので不要になる。

3 解答 (1) I cannot〔can't〕convince myself of the reason why his bus broke down. (2) The 15th of August is the day when World War II came to an end. (3) However strong you are〔may be〕, it is always important to be careful of your health. (4) We played baseball till noon, when it began to rain.

解説 (3) However で始まる譲歩の副詞節を作る。 (4) when を継続用法にして使う。

実戦問題
p.84〜85

1 解答 (1) ×, × (2) the, the (3) a, × (4) ×, ×

(5) a

解説 (1)「施設や建物としての学校」ではなく,「制度としての学校」の意味では school は無冠詞, 交通の手段としての by ～は無冠詞。 (2)限定されての the と, 最寄りの病院の意味での the。 (3)食事は無冠詞。 (4)「その日暮らし」は慣用句として無冠詞。 (5)「同一の」の意味の不定冠詞。

2 **解答** students, buses, friends, handkerchiefs〔handkerchieves〕

解説 文の最後で them で受けていることから冒頭の student は複数形にする。

3 **解答** (1) girl's → girls'　(2) good something → something good　(3) The English → English　(4) page the fourth → page four または the fourth page　(5) church → the church

解説 (1)複数形の girls を所有格にする。(2) something を修飾する形容詞はうしろに置く。(3)「英語」など言語は無冠詞。(4)「第 4 ページ」は page four または the fourth page。(5)「礼拝」の意味なら無冠詞だが, この場合は建物を指す。

4 **解答** (1) it　(2) her　(3) This　(4) others　(5) one

解説 (1)形式目的語の it。(2) 3 人称・単数・女性の所有格。(3)電話で「ボブですか？ こちらはヘンリーです」の意味。(5) hat は one で受ける。

5 **解答** (1) mine, hers　(2) you　(3) ones　(4) was　(5) None

解説 (1) my shoes, her shoes の意味。(2) in your country から you。(3) socks（複数形）だから ones。(4)文意は「そのとき森の中は静かだった」。この場合の all は単数で受ける。(5) no one も nobody も単数扱い。

6 **解答** (1) whose　(2) What　(3) that〔which〕(4) that　(5) but　(6) as

解説 (2)「知りたいことは彼が信頼できるかどうかだ」が文意。(3)先行詞に最上級の形容詞。(4)先行詞が人と動物。(5)「幸せになりたいと思わない人はいない」が文意。but は否定を含む関係代名詞で, 前方に否定語があるときに使い, 二重否定の文になる。(6)先行詞に such がつくと関係代名詞は as になる。文意は「あなたのためになるような人を友だちに選びなさい」。

7 **解答** (1) that → where　(2) where → which　(3) who → as　(4) whomever → whoever

解説 (2)先行詞は the place であるが, visit の目的語としての関係代名詞でなければならない。(3)先行詞に such がついているから as になる。(4) employ の目的語だから whomever となるのではなく, is の主語として whoever が必要。whoever＝anyone who である。

8 **解答** (1) where　(2) where　(3) when　(4) why　(5) Wherever

解説 (2)「彼は日本へ行き, やがて帰化した」be naturalized「帰化する」(5)「彼はどこへ行ってもすぐに友人ができる」が文意。

9 **解答** (1) Is Mary a friend of yours or a friend of your sister's?　(2) The color of my umbrella is different from that of yours.　(3) Three of them are in the room and the others (are) in the garden.　(4) To own a library〔books〕is one thing, to make wise use of it〔use it〔them〕wisely〕is another.

解説 (1)「君の友だち」は your friend ではなく a friend of yours。「妹さんの友だち」も a friend of your sister's。(2)「君のとは」は「君のかさの色とは」と考えて that of yours とする。(3) 3 人を除いた残りは複数と考えられるから the others。(4)「～と … は別である」は〈～ one thing, ... another〉で表現する。

第16章 形容詞節〔句〕／副詞節〔句〕

基本問題　p.87～88

1 **解答** (1)名詞句　(2)形容詞句　(3)副詞句　(4)形容詞句　(5)名詞句

解説 (1) want の次には名詞的なものがくる。(2)直前の many things を修飾する。(3)不定詞で「勉強するために」と目的を表す副詞用法。(4) the girl を修飾する形容詞句。(5)「切手を集めること」という名詞句。

2 **解答** (1) playing the guitar　(2) written by

him (3) before leaving this room (4) after you

解説 (1)(2)〈関係代名詞＋be動詞〉を省略すると,分詞の後置修飾(形容詞句)になる。 (3)(4)〈接続詞＋主語＋動詞〉を〈前置詞＋名詞句〉の副詞句にする。 (3)では you が共通なのでこれを省略し,leave を動名詞形にする。 (4)では use it が共通なので省略する。

3 **解答** (1)彼女は楽しそうに歌いながら散歩した。 (2)私がするようにしなさい。 (3)彼女は年をとるにつれ,物ごとがよくわかるようになった。 (4)物事をありのままに見なさい。 (5)彼は疲れていたけれど,できるだけ速く走った。 (6)ドアがあいていたのですべてを見ることができた。

解説 as には多くの意味があるので,ヒントにあるような意味をよく理解しておくこと。

4 **解答** (1) or (2) when〔before〕 (3) sooner (4) matter (5) long

解説 (1) whether ～ or ... という言い方である。 (2)(3) hardly〔scarcely〕～ when〔before〕...＝no sooner ～ than ... である。 (4)〈no matter＋疑問詞〉＝〈疑問詞＋ -ever〉である。 (5) as long as は時間的な長さや条件を表す。

5 **解答** (1) The picnic was put off because of the rain. (2) She studied hard (in order) to pass the examination. (3) She was too tired to run any more. (4) The book was too difficult for me to read. (5) He was kind enough to help me.

解説 (1)〈because of＋名詞〉の形にする。 (2)目的を表す so that ～ can〔will, may〕... は, in order (for ～) to ... で書きかえられる。 (3)(4) so ～ that — cannot ... の形なので, too ～ for — to ... の形にする。 (5)〈so ～ that ＋肯定文〉なので ～ enough (for —) to ... の形にする。

POINT　句になると省略される語句
5 の(2)～(5)のように,〈that＋S＋V＋O〉の形が〈for＋S'＋to＋V'＋O'〉になるが, この〈for＋S'〉や O' は, 主節と同じ語句がある場合には省略される。したがって, (2)は for her to pass the examination, (3)は for her to run any more, (5)は for him to help me になるのだが, for her〔him〕が主節の主語と同じため省略されている。(4)は for me to read it となるのだが, 主節の主語とこの it が同一の物を指しているので省略される。

6 **解答** (1) Please turn off the radio so that the baby can〔will, may〕sleep well. (2) Let's go to the park after school is over. (3) She could not come to the party because she was ill. (4) The block was so heavy that I could not lift it. (5) She was so kind that she helped me.

解説 (1)助動詞は will や may でもよい。 (2)「放課後」を節で表現する。 (3)「病気のため」を, because she was illness としないこと。 (4)省略された目的語 it を補うこと。上記の **POINT** も参照。 (5)(4)と同様, for her が省略されているので節にするときは補う。

応用問題 p.89

1 **解答** (1) have, passed (2) if, doesn't (3) so, them (4) Rich, as (5) No, matter

解説 (1) since があるので現在完了形を使って表現する。 (2) unless＝if ～ not である。 (3)最後の(　)には the books を代名詞にしたものが入るので, them である。 (4)〈though＋S＋V＋C〉＝〈C＋as＋S＋V〉である。 (5)〈疑問詞＋ -ever〉＝〈no matter＋疑問詞〉である。

2 **解答** (1) will rain → rains (2) enough kind → kind enough (3) long → far (4) because → because of (5) no sooner → hardly〔scarcely〕または before → than

解説 (1)条件を表す副詞節中では現在形で未来を表す。will を削除するだけでなく, rain を rains にすることも忘れずに。 (2) enough は形容詞や副詞のうしろに用いられる。名詞の場合は前でもうしろでも置ける。 (3)「私が知る限り」と範囲を表すときは as far as ～で表現する。 (4)「あらし」を名詞で使うためには, because of と群前置詞にする。 (5) no sooner ～ than ... と hardly〔scarcely〕～ before〔when〕... を混同しないこと。

3 **解答** (1)部屋に入るか入らないかのうちに明かりが消えた。 (2)寒くなるといけないからセーターを持っていきなさい。 (3)とても天気がよい日

だったので,私たちはピクニックに出かけた。 (4)コンサートが終わってやっと彼女が到着した。 (5)今すぐ出発しても時間内にそこに到着しないだろう。

解説 (1) hardly ～ when ...「～するかしないかのうちに ...」 (2) in case ～ should ...「～が ... するといけないから」 (3) such ～ that ... は so ～ that ... と同じ意味で,such の次には名詞がきて,so の次には形容詞や副詞がくるという点だけが異なる。 (4) not ～ until ... は「... するまで～しない」という意味から,「... して初めて～する」という意味になる。 (5) ever if ～は「たとえ～でも」という意味で譲歩を表す。

第17章 比較

基本問題 　　　　　　　　　　p.91～92

1 **解答** (1) hotter (2) the most important (3) big (4) prettier (5)(the) most slowly

解説 (1) than があるので比較級にする。最後の t が重なることに注意。 (2) in the world から最上級を使うことがわかる。 (3) as ～ as には原級が入る。 (4) than があるから比較級を用いる。最後の y が i に変わることに注意する。 (5) of us all から最上級を選ぶが,slowly の変化に注意。また,副詞の最上級なので the をつけても,つけなくてもよい。

2 **解答** (1) better (2) more (3) later (4) less (5) worse

解説 すべて than があるから比較級を用いる。不規則変化は覚えること。 (3)「時間」は late-later-latest,「順序」は late-latter-last と変化。

3 **解答** (1) This book is three times as expensive as that one. (2) He runs faster than any other boy in his class. (3) This is the most amusing movie that I have ever seen. (4) Nara is one of the oldest cities in Japan. (5) Osaka is the third largest city in Japan.

解説 (1)「... の～倍―」の言い方は～ times as ― as ...。 (2)〈比較級＋than any other＋単数形の名詞〉の形は最上級の意味である。 (3)「これは私が今までに見た映画の中で最も面白い映画だ」の意味にする。 (4)(5)最上級が「一番」以外の意味になる場合の例である。

POINT 最上級の使い方
最上級は必ずしも1番目を表さなくてもよい。たとえば **3** の(4)(5)のように,oldest cities と複数でもよいし,third largest と3番目でもよいのである。このようなことから,最上級とは,複数の中から直感的にいくつかを選んだ場合の言い方であるとも考えられる。たまたま1つを選んだ場合が,「一番」の意味に相当する最上級の用法であると考えてみよう。

4 **解答** (1) older (2) could (3) older (4) least (5) less (6) half

解説 (1) not so ～ as ... は「... ほど～でない」という意味。 (2) as ～ as possible は as ～ as one can〔could〕と同じ意味で,時制に注意する。 (3) senior to ～は「～より年上の」の意味。 (4) not at all＝not in the least である。 (5) at least＝not less than である。 (6)「この箱はあの箱の2倍の大きさ」なので「あの箱はこの箱の半分の大きさ」になる。

5 **解答** (1)(ア) He is taller than any other boy in his class. (イ) No other boy in his class is as〔so〕tall as he. (2)(ア) Nothing is so〔as〕important as time. (イ) Time is more important than anything else. (3)(ア) I have never seen a prettier flower than this. (イ) This is the prettiest flower (that) I have ever seen. (4)(ア) He is greater than any other writer that ever lived. (イ) He is as great a writer as ever lived.

解説 (1)(2)最上級を比較級,原級を用いて表現する基本のパターン。 (3)完了形と比較級,最上級,関係代名詞のからんだパターンで,最上級の内容を表現するもの。 (4)やや難しい書きかえのパターンである。(イ) as ～ as ever lived で「今までにないほど～」の意。

応用問題 　　　　　　　　　　p.93

1 **解答** (1) to (2) less (3) last (4) far (5) much

解説 (1) -or で終わる形容詞は比較の対象に than ではなく to ～を用いる。 (2) no less ～ than ... は

「...にまさるとも劣らず〜」の意味。 (3) the last 〜は「最後に〜する」ということから「最も〜しそうもない」という意味になる。 (4) by far は最上級を強める言い方の1つである。 (5) not so much 〜 as ... は「〜というよりもむしろ ...」という意味。

2 解答 (1) boys → boy　(2) very → much
(3) Osaka → that of Osaka　(4) better →（the）best
(5) as twice → twice as

解説 (1)〈比較級＋than any other ＋単数形の名詞〉が基本的なパターン。 (2)比較級は much で強める。 (3)比較の対象をそろえるため that（＝the population）of を用いる。 (4) 3つのものから1つを選ぶのだから最上級を用いる。 (5)〈... times as 〜 as〉の語順である。

3 解答 (1)クラスで最もできる学生でもこの問題を解くことはできない。 (2)彼はそんな人を信じるほどばかではない。 (3)私は，彼女は欠点があるゆえにかえって好きだ。 (4)彼女は詩が好きだし，小説はなおさら好きだ。 (5)多く持てば持つほど，より多くほしくなる。

解説 (1)主語に even を補って考えるとよい。 (2) know better than to 〜は「〜するほどばかではない」という意味。 (3) all the better for 〜は「〜のためにそれだけいっそう」という意味。 (4) much more は「なおさら，まして」の意味。 (5)〈the＋比較級 〜, the＋比較級 ...〉は「〜すればするほど ...」の意味。

第18章 前置詞と接続詞

基本問題　　　　　　　p.95〜96

1 解答 (1)前置詞　(2)接続詞　(3)前置詞　(4)接続詞　(5)前置詞

解説 (1) since のうしろには 1985 しかない。
(2) before の後の文には主語と動詞2つがある。
(3) after の次には lunch（名詞）が続く。 (4) since の前と後の文は主従関係で結ばれているので, since は従属接続詞である。 (5) look forward to 〜（〜を楽しみに待つ）の to の次には meeting と動名詞が続くので, これは前置詞である。

> **POINT**
> **前置詞の to と不定詞の to**
> to には前置詞と，不定詞を作るものがある。前者の次に動詞を続ける場合は動名詞になり，後者に続ける場合は原形になる。
> I am looking forward **to** *seeing* you.
> 〈to ＋動詞の -ing 形：前置詞〉
>
> I want **to** *see* you.
> 〈to ＋動詞の原形：不定詞〉
>
> 特に前置詞の to は選択問題や正誤問題などに頻出なので覚えておくこと。

2 解答 (1)複文　(2)重文　(3)複文　(4)複文
(5)重文　(6)重文

解説 (1) who 〜 tree は関係代名詞が導く形容詞節である。 (2) and で結ばれた重文である。 (3) that 以下は名詞節。 (4) until 以下は副詞節。 (5) but で結ばれた重文。 (6) or で結ばれた重文。

3 解答 (1) ran　(2) The dog　(3) Write
(4) The window　(5) played

解説 一般に前置詞句は, (1)(3)(5)のように動詞を修飾すれば副詞句として働き,(2)(4)のように名詞を修飾すれば形容詞句となる。

4 解答 (1) at　(2) in　(3) for　(4) by
(5) during　(6) between

解説 (1)「正午に」という時間を表す基本的な言い方。 (2)「広島に」という場所を表す基本的な言い方。 (3) be famous for 〜で「〜で有名である」の意味。 (4)「あなたはその仕事をあすまでに完了させなくてはならない」が文意なので by を用いる。 (5)特定の期間を表す名詞の前につく前置詞は during である。なお, 本問を「夏休み中ずっと」という意味で解釈すれば, through も可能である。 (6) 2つの間にあることを示す前置詞の between を用いる。

5 解答 (1) under　(2) among　(3) behind

解説 (1)「テーブルの下」は under the table。 (2)「3つの中から」という意味なので among を使う。2つの場合は between。 (3)「〜のうしろ」の意味ではふつう behind を用いる。

6 解答 (1) What　(2) the house
(3) something　(4) She　(5) What

解説 (1)(5)ともに前置詞の次にくる語を尋ねる疑問文である。 (2)(3)形容詞節〔句〕なので,本来なら修飾される(代)名詞が前置詞の次にくる。 (4)受動態の文だが,対応する能動態の文は All the people there laughed at her. である。

応用問題　p.97

1 **解答** (1) 3　(2) 4　(3) 4　(4) 2

解説 (1)「〜以内」の意味を強調する場合には within を用いる。 (2)期間を表す語句がきているので for を用いる。 (3)(2)と同様に期間を表す語だが,特定の期間を表す名詞が次にきているので, during を用いる。 (4)特定の日の「朝」には前置詞の on を用いる。

2 **解答** (1) in　(2) in　(3) from　(4) since

解説 (1) begin は次に「始まる時」を明示する。したがって日本語は「4月から」だが「4月に」ということで, in April となる。 (2)手段としての「車で」ならば by car だが,「特定の車で」ならば〈in ＋冠詞など＋ car〉となる。 (3) be made from は,製品を一目見てその原料が判別できないような場合に用いる。 (4)完了形に用いる「〜から」は from ではなく since を用いる。

3 **解答** (1) His help will be of no use to me.
(2) He went to America for the purpose of studying English.

解説 (1)〈of ＋抽象名詞〉は形容詞で書きかえられる。 (2)「〜するために」という言い方はたくさんあるが,この場合には, for the purpose of 〜ing を用いる。

実戦問題　p.98〜99

1 **解答** (1) ③　(2) ①　(3) ④　(4) ③　(5) ①　(6) ③
(7) ④　(8) ③　(9) ①　(10) ②　(11) ③　(12) ③　(13) ③

解説 (1)比較級を強めるには much を用いる。 (2)時や条件を表す副詞節中では,未来を表す場合でも現在形を用いる。 (3) whether 〜 or not で「〜でも〜でなくても」の意味。 (4) begin は「始まる時」を次に続ける。from は用いない。 (5)「あしたまでに完了」という意味なので by を用いる。until は「〜まで継続」という意味である。 (6)「新聞によれば,彼はスピーチコンテストで優勝した」「〜によれば」は according to 〜。 (7) She has 〜 that I don't have. の「〜」を what にした疑問文。 (8) A is to B what C is to D. は「A の B に対する関係は C の D に対する関係と同じだ」の意味。 (9)「彼女に再び会えてとてもうれしかった」という意味である。if を用いた仮定法ならば, I would be very happy if 〜となる。 (10) as long as 〜 で「〜である限り」と条件を表す。 (11)「ジョンはトムよりずっと賢い」という意味である。比較級を強めるのは very ではなく much である。 (12) instead of 〜 で「〜の代わりに」。 (13) unless 〜 で「〜でない限り」。

2 **解答** (1) more　(2) Unless, rains　(3) important
(4) half　(5) Three years　(6) No matter　(7) to
(8) In spite　(9) If　(10) and

解説 (1)「この車はあの車ほど高価ではない」という意味なので,「あの車はこの車より高価だ」という文にする。 (2) If 〜 not は Unless の1語で表現できる。doesn't がなくなると rain に -s がつく。 (3)〈of ＋抽象名詞〉は形容詞で表現できる。 (4)「あの箱はこの箱の2倍大きい」を「この箱はあの箱の半分の大きさだ」という文にする。 (5)「〜してから ... になる」は It has been ... since 〜. か ... have passed since 〜. で表す。 (6)譲歩を表す〈疑問詞＋ -ever〉は〈no matter ＋疑問詞〉という言い方でも表現できる。 (7) so 〜 that ― cannot ... を too 〜 to ... で表す。 (8) Though 〜は譲歩節なので,ほぼ同じ意味の群前置詞 in spite of 〜を用いて表す。 (9)(10)命令文のあとの or 〜は「さもないと〜」, and 〜は「そうすれば〜」。

3 **解答** (1) boys → boy　(2) enough kind → kind enough　(3) by a taxi → by taxi　(4) in → on
(5) so → such または so a fine → so fine a　(6) than I → to me

解説 (1)最上級の意味になる〈比較級＋ than any other ＋単数形の名詞〉の形にする。 (2)形容詞と enough(to) の語順は,〈形容詞＋ enough(to)〉の語順になる。 (3)交通手段は〈by ＋無冠詞の名詞〉で表す。 (4)「特定の日の朝」は,前置詞は on を用いる。 (5) so 〜 that ... 構文では,〜の部分には形容詞または副詞がくる。such 〜 that ... ならば〜の部分に名

詞がくる。別解のように〈so＋形容詞＋(冠詞)＋名詞＋that〉の語順も可能である。 (6) senior, junior などの -or で終わる形容詞は，あとに than ではなく to を用いる。to のあとが目的格になることにも注意。

第19章 名詞節

基本問題　p.101〜102

1　解答 (1)(4)(5)
解説 (1) that 以下は know の目的語。 (2) この if 節は条件を表す副詞節。 (3) whom 以下は the boy を修飾する関係代名詞節。 (4) if 以下は know の目的語で，「〜かどうか」の意味の名詞節。 (5) whom 以下は know の目的語。 (6) so 〜 that 構文の that 以下は副詞節。

2　解答 (1) I didn't know that he was ill.
(2) She knows if〔whether〕you will go there.
(3) He wants to know what you bought yesterday.
(4) Do you know where he went yesterday?
(5) Where do you think he went yesterday?
解説 (2) Yes -No で答える疑問文なので if(または whether)で接続する。 (3)〜(5)疑問詞に続く部分を平叙文の語順にする。 (5)は全体が Yes -No で答えられないので，疑問詞を文頭に出す。

3　解答 (1) I know that he came here yesterday. (2) Do you know if he was late yesterday? (3) When do you think he went there?
解説 (2) if の次の語順は平叙文になる。 (3) Yes -No で答える疑問文ではないので，疑問詞を文頭に置く。

4　解答 (1) ? を . にする。 (2) Do you think how many times → How many times do you think (3) can we → we can
解説 (1)文自体は疑問文ではないので，最後のクエスチョンマークはピリオドにする。 (2)全体は Yes-No で答える疑問文ではないので，疑問詞を文頭に。この問題では，How many times までが疑問詞にあたる部分。 (3) how 以下は疑問文ではないので，平叙文の語順にする。

5　解答 (1)(ア)彼が私に話した事実は，皆に知られている。 (イ)彼が私にその秘密を打ち明けたという事実は，皆に知られている。 (2)(ア)彼がその店で何を買ったのか彼に聞いてみるつもりです。 (イ)これは彼がその店で買ったものです。 (3)(ア)もし彼が助けを借りずにやるつもりならば，彼にこれをあげよう。 (イ)彼が助けを借りずにやるかどうかはわからない。
解説 (1)(ア)この that は関係代名詞。 (イ)この that は同格を導く接続詞。 (2)(ア)この what は名詞節を導く疑問詞。 (イ)この what は関係代名詞。 (3)(ア) if 節は副詞節。この中の will は「意思未来」。 (イ)この if 節は know の目的語で名詞節。

6　解答 (1)彼は夢がかなうかもしれないと感じた。 (2)実は，彼は結婚している。 (3)彼が少し遅れたのは事実です。 (4)彼がそういうのも当然だと思う。
解説 (1)この that 節は a feeling と同格。 (2)この that 節は補語になる名詞節。 (3)主語の it は that 以下を受ける仮主語(形式主語)。 (4) I think that it is natural that he should say so. としても同じ意味になる。it はどちらの場合でも that he should say so を受ける。

応用問題　p.103

1　解答 (1) did you watch → you watched
(2) Do you think what → What do you think
(3) which → that
解説 (1)名詞節中の文の形は平叙文にする。 (2) Do you think と疑問詞で始まる名詞節を組み合わせた場合は，疑問詞が文頭にくる。 (3) which 以下は he came here で文が完結しているので，関係詞は使えない。同格の接続詞 that を用いる。

2　解答 (1) He is ill. (2) When was she born? (3) Will she come to the party? (4) Who met John yesterday?
解説 (2)疑問詞から始まる疑問文。 (3) Yes -No で答える疑問文にする。 (4) Who が主語なので did meet にならない。did meet ならば強調になる。

3　解答 (1)省略可 (2)最初の that：省略可, and の次の that：省略不可 (3)省略不可 (4)省略可
解説 (1)この that は名詞節を導く that。 (2) and 以

下の that は省略できない。 (3)この that は that boy(あの少年)の that。 (4)この that は名詞節を導く that。もし boys にかかるならば, boys が複数形なので, those になるはず。

4 解答 (1)彼はなぜここに来たと思いますか? (2)彼は何歳だか知っていますか? (3)彼がそれを好きかどうかわかりません。

解説 (2) how old is he? を名詞節にしたもの。(3) Yes-No で答える疑問文を導く whether ~ or not。

大学入試レベルにチャレンジ　p.104～105

1 解答 (1)④　(2)②　(3)④　(4)②　(5)①　(6)②　(7)④　(8)②　(9)③　(10)④

解説 (1)前の文を受ける継続用法の関係代名詞。(2) despite は「～にもかかわらず」という意味の前置詞。 (3) in two hours で「2時間後に」。 (4)あとの than から比較級に。 (5) due to ～で「～のために, ～が原因で」。 (6)「私が聞いたことから(判断して)」の意味。 (7)「開発が遅れている地域での」の意味なので in。 (8) 2 つを比較して「より～なもの」というときは比較級の前に the をつける。 (9)〈it takes＋時間＋to ～〉で「～するのに(時間)がかかる」の意味。 (10)〈with＋O＋前置詞句〉の形。

2 解答 (1) the bed in which she slept last night was (2) cupboard to the wall so that it wouldn't fall over (3) less than five of those present were (4) into precise detail about the way the experiment should (5) was not until I saw everyone laughing with me that I realized how humorous

解説 (1)「昨夜寝たベッド」を関係代名詞の節で表す。(2)「～しないように…」は ... so that S wouldn't ～ とする。 (3)「少なくとも」は no less than。 (4)「どのように実験を行うべきか」を「実験が行われるべき方法について」と表す。 (5)「…して初めて～」は not ～ until ...で表す。

3 解答 (1)④,②　(2)⑤,①　(3)⑥,①

解説 (1) run the risk of ～ing で「～する危険を冒す」の意味。 (2) what I asked for で「私が頼んだ[注文した]もの」。 (3) what we're expecting to pay で「私たちが払うと思っていたもの」。

第20章　話法

基本問題　p.107～108

1 解答 (1) I knew that she was a teacher. (2) I did not know if he would come. (3) He said that he had just reached Tokyo Station. (4) I thought that he had broken the window. (5) He asked me what I had been doing. (6) She ran as fast as she could. (7) We learned that World War II ended in 1945.

解説 (7)以外は, 従属節の時制は1つ前の時制になる。現在形(will は現在形である)は過去形に, 過去形は過去完了形にする。 (7)は歴史的事実なので時制の一致を受けない。

2 解答 (1)彼が医者だということを私は知っていた。 (2)君が来る(つもり)かどうかわからなかった。 (3)彼女はその場所にちょうど着いたところだと言った。 (4)私は彼がその窓を割ったのだと思った。 (5)彼は彼女に何を食べていたのかと尋ねた。 (6)私たちはできるだけ速く走った。 (7)彼は第二次世界大戦が1945年に終わったということを習った。

解説 (1)(2)(6)主節と従属節の時制が同じなので, 従属節は日本語では現在形で表現する。 (3)(4)(5)主節が過去形, 従属節が過去完了形なので, 日本語では過去形で表現する。 (7)時制の一致の例外で, 従属節は歴史的事実なので常に過去形で訳す。

3 解答 (1) He said (that) he wanted to read the book. (2) She told me (that) she knew my brother. (3) He asked her if〔whether〕she was busy. (4) The teacher told us to be quiet. (5) Mother asked me when I would be back.

解説 被伝達文の人称に注意する。 (1)(2)平叙文は that で接続する。 (3) Yes-No の疑問文は if で接続する。 (4)命令文は不定詞で接続する。 (5) wh- 疑問文は wh- 疑問詞で接続する。

4 解答 (1) She said, "I am a student." (2) He said, "I (have) built the house." (3) She said to

〔asked〕him, "Why do you think so?" (4)John said to〔asked〕me, "Have you studied〔Did you study〕hard?" (5)I said to him, "Go out of the room."

解説 (1)(2)伝達相手が明記されていないので said を用いる。 (2)(4)時制は過去形，現在完了形のどちらでもよい。 (3)伝達内容は wh- 疑問文。 (4)伝達内容は Yes-No で答える疑問文。 (5)伝達内容は命令文。

5 **解答** (1) not to (2) the day before〔the previous day〕 (3) if, then (4) asked, to (5) he (6) Please, yourself (7) said, Don't (8) is, now (9) Will, tomorrow

解説 (1)(7)否定命令文の接続方法に注意。 (2)(3)(5)(8)(9)時や場所を表す語の変化に注意。 (4)(6)Please で始まる命令文の接続方法に注意。

応用問題 p.109

1 **解答** (1) He told me yesterday that he would call me today. (2) He suggested〔proposed〕to me that we (should) take a drive to the lake. (3) Mother cried (out)〔said〕how pretty the dolls were. または Mother cried (out)〔said〕that the dolls were very pretty. (4) They prayed that God might save the Queen. (5) She told him that he was late and asked him what he had been doing. (6) The teacher told us (that) the earth goes around the sun.

解説 (1)主節の yesterday から考えて，従属節の tomorrow は today になる。 (2) Let's は suggest などを用いて接続する。 (3)伝達動詞にはこのほか exclaimed なども使える。 (4)祈願文は pray を用いて接続する。 (5)前半(平叙文)には tell，後半(疑問文)には ask を用いる。 (6)被伝達部分が不変の真理なので時制の一致を受けない。

2 **解答** (1) He asked me if I liked English. (2) My brother said what an interesting book that was. (3) I asked him to help me with my homework. (4) He asked me where I had been the previous day.〔the day before〕 (5) He asked her what she wanted then.

解説 (1) ask 〜 if の形を使う。 (2)「これ」は間接話法では that となる。 (3)人にある動作を依頼する場合は〈ask +人+ to 〜〉を用いる。 (4)「きのう」は間接話法では the day before または the previous day を用いる。 (5)「今」は間接話法では then に変わる。

3 **解答** (1) He told me that he had found that book there today. (2) He told me that he had found this book here that day. (3) He told me that he had found that book here today. (4) He told me that he had found that book here that day. (5) He told me that he had found that book there that day.

解説 特定の条件がつくと(1)〜(4)のようになる。こういった条件下では，this, here, today などの語句は変化しないことがあるので注意する。

第21章 仮定法

基本問題 p.111〜112

1 **解答** (1) were, could (2) were, would (3) wish, could (4) knew, could (5) had heard, would have been (6) wish, have gone

解説 全問の共通事項として，仮定法では，①時制を1つ前にする，②直説法と肯定・否定が逆になる，③ be 動詞は原則として were を用いること，以上の3点に注意。

2 **解答** (1) were (2) wrote (3) had had (4) were (5) were (6) had been (7) knew (8) bought〔should buy〕 (9) were not (10) had not been

解説 (1)(2)(4)(9)主節が過去形なので，従属節も過去形にする。 (3)(10)主節が〈助動詞＋完了形〉なので従属節は過去完了形にする。 (5)(6)従属節の now, at that time により，時制を決める。 (7) as if 以下は原則として仮定法を用いる。 (8) It is time のあとは仮定法過去または should ＋原形を用いる。

3 **解答** (1) don't know, can't (2) Because〔Since〕, don't have, can't (3) Because〔Since〕, didn't know, didn't visit (4) sorry, don't have (5) didn't study, didn't succeed

解説 (1)(2)(4)仮定法過去形なので，直説法では現在形

を用いる。 (3)(5)仮定法過去完了が用いられているので,直説法では過去形を用いる。それぞれ仮定法での肯定文が直説法では否定文になることにも注意。

4 解答 下線を引くべき部分→(1) A kind man (2) to attend the party (3) With a little more luck (4) But for your support (5) Otherwise

解説 それぞれの条件部分の意味は以下のとおりである。 (1)「親切な人ならば」 (2)「そのパーティに参加すれば」 (3)「もっと運があれば」 (4)「あなたの支えがなければ」 (5)「さもなければ」

5 解答 (1) Should anyone call me, ～. (2) Were I rich, ～. (3) Had it not been for the money, ～. (4) Were it not for water, ～. (5) Were I to tell you the truth, ～.

解説 倒置文にする。助動詞または be 動詞を疑問文のように文頭にもっていく。主節は変化しない。

POINT ●〈if ＋平叙文〉
疑問文の語順と if との関係をある程度つかんでおくとよいだろう。間接疑問文や疑問文の話法の転換などでも, Yes ─ No で答える疑問文を名詞節にする場合に if を用いる。
① I don't know. ＋ Is he free today?
 → I don't know if he is free today.
② I said to her, "Are you free?"
 → I asked her if she was free.
Yes-No で答える疑問文を節にすると,〈if ＋平叙文〉の語順というのが規則である。

応用問題 p.113

1 解答 (1) To look (2) With (3) Without (4) But (5) A child (6) If, didn't have (7) otherwise

解説 (1)不定詞が条件を表す。 (2)「もう少しお金があれば」なので with を用いる。 (3)(4)「～がなければ」なので, without ～や but for ～を用いる。 (5)主語が条件を表す。 (6)(7) otherwise は「そうでなければ」の意味なので仮定法で表す。

2 解答 (1) If I were you, I would meet him. (2) If I had had more time, I could have done(it) better. (3) I wish I had been free yesterday.

(4) It is important that you should pass the examination. (5) Had you come five minutes earlier, you could have met her. (6) The boy talks as if he were a scholar. (7) Hurry up. It is time you went to school. (8) If you had followed my advice then, you would be rich now.

解説 (1)仮定法過去を用いる。Were I you と倒置してもよい。 (2)(3)仮定法過去完了を用いる。 (2)は With more time, ～としてもよい。 (4) that 以下の動詞は should ＋原形とする。 (5)倒置しなければ If you had come five minutes earlier, ～となる。 (6) as if 以下は仮定法で表現する。 (7)「～する時間だ」は〈It is time ＋仮定法過去〉で表す。 (8)従属節は「あのとき～していたら」と過去の事実と反対の仮定を述べるので仮定法過去完了で表現し,主節は「今ごろは」と現在の事実と反対の仮定をするので仮定法過去で表現する。

第22章 分詞構文

基本問題 p.115～116

1 解答 (1) Arriving (2) Taking (3) Being (4) Turning (5) arriving

解説 動詞を現在分詞にする。ただし,(2)のように,進行形の場合はふつう be 動詞の Being を省略する。 (5)文頭でなくても分詞構文は可能である。

2 解答 (1) While I was walking (2) When she saw (3) Because〔Since〕he was (4) If you turn (5) took, and

解説 (1)「通りを歩いていると」の意味で while を用いる。 (2)「母親が近づいて来るのを見て」の意味で,when を用いる。 (3)「散歩で疲れたので」の意味で because〔since〕を用いる。 (4)「左に曲がれば」の意味で if を用いる。 (5)「写真を取り出して,そしてそれを彼女は私に見せた」の意味なので and を用いる。

3 解答 (1) 2 (2) 2 (3) 3 (4) 1 (5) 3

解説 (1)(5)主節と従属節で主語が異なるので,従属節の主語を残して,独立分詞構文にする。 (2)(4)主節と従属節の時制が異なるので,完了形の分詞構文を用いる。 (3)(4)従属節が否定文の場合は,否定語を文

頭に置く。ただし，完了形では having never または never〔not〕having のどちらでもよい。

4 解答 (1)本を読んでいると，本の中に彼女の名前があった。 (2)注意深く聞いていたので，彼のいうことが理解できた。 (3)あなたのいうことは認めるけれど，それでもあなたは間違っていると思う。 (4)(ある)若い男性が彼女に近づいて，踊ってくださいと頼んだ。 (5)一生懸命働けば，〔働いているので〕夜になる前に終わるでしょう。 (6)飛行機からながめると，これらの島々はとても美しい。 (7)率直にいうと，彼はその少年たちを好きではない。 (8)仕事は終わっていたので，彼は仕事場を去った。 (9)彼から連絡がなかったので，病気に違いないと思う。 (10)ジョンソンさんといえば，彼の息子はどうなったんだろう。

解説 基本的に分詞構文はもとの接続詞がわかりにくいことが多いので，よくわからない場合は「～て〔で，と〕」などで意味をとっておけばよい。 (5)は「一生懸命働いているので」と理由にもとれる。文脈の中で意味を判断する習慣をつけよう。

応用問題　　　　　　p.117

1 解答 (1) Written in easy English, it will be useful for beginners. (2) The train leaves Nagoya at six, arriving at Tokyo at eight. または The train, leaving Nagoya at six, arrives at Tokyo at eight.
(3) Not knowing what to say, I kept silent.
(4) Having met once before, they knew each other.
(5) There being a vacant seat in the bus, I took the seat.

解説 (1)受動態の分詞構文ではふつう be 動詞を省略する。 (2)従属節がないので，どちらの動詞も分詞構文にできる。 (3) not の位置に注意。 (4)主節と従属節に時間の差があるので，これを完了形の分詞で表現する。 (5)主節と従属節で主語が異なるので，独立分詞構文にする。

2 解答 (1) Though (although) he was taken by surprise, he did not lose his mind. (2) Because〔Since〕I have eaten nothing for a whole day, I am hungry. (3) Because〔Since〕I did not know the answer, I did not raise my hand. (4) Because〔Since〕the bus had gone, we had to walk. (5) Because〔Since〕we had not heard from you, we began to wonder if you were ill.

解説 (1)意味的に逆接にしないとつながらない。 (2)主節が現在形なのと，for があることなどから，having の時制は現在完了形にする。 (3)否定語 not があるので，did not を用いる。 (4)主語が異なるので，the bus を主語に用いる。主節が過去形なので，この having は過去完了形を用いる。 (5)完了形は主節の過去形から過去完了とする。したがって not は had not の形で用いる。

3 解答 (1) Having eaten supper, I began to do my homework. (2) The weather being fine today, we went for a walk. (3) Judging from what he said, he seems to know the truth. (4) Not having〔Having not〕met her before, I did not know who she was. (5) Generally speaking, we had much snow this winter.

解説 (1)完了形の分詞を用いる。 (2)独立分詞構文を用いる。 (3)「～から判断すると」は Judging from ～。 (4)完了形の分詞を用いる。 (5)「概していえば」は Generally speaking。「ことしの冬は雪が多かった」は It snowed a lot this winter. などとも表現できる。

POINT　分詞構文の位置

　分詞構文の位置は，テストなどに出題されるのは文頭が多いが，実際は文中や文尾で用いられることも多い。この点をよくおさえておかないと実際に英語に触れたときにかん違いする可能性もある。

文中：His car, badly driven by her, left the road.（彼の車は，彼女が乱暴に運転したので，道からそれた）
文尾：They talked with the natives, the guide acting as interpreter.（ガイドが通訳になり，彼らは現地の人と話した）

実戦問題　　　　　　p.118～119

1 解答 (1)名詞節：朝食後に散歩をしたいですかと

彼に尋ねよう。 (2)副詞節：彼はとてもよく英語を知っているので，いつも私が英語を勉強するのを手伝ってくれる。 (3)名詞節：オーケストラでだれがバイオリンを演奏していたのか知りたい。 (4)副詞節：彼が朝食後に散歩したいのならば公園まで連れていこう。 (5)名詞節：彼が私の英語の勉強をいつも手伝ってくれるのを知っていますか？ (6)形容詞節：彼女はオーケストラでバイオリンを演奏していた少年を知らない。

解説 (1)(4) if 以下はまったく同じ英文だが，働き・意味ともに異なる。(1)は ask の目的語で名詞節，(4)は条件を表す副詞節である。 (2)(5) that 以下はまったく同じ英文だが，(2)はいわゆる so ～ that ... 構文で，that 以下は結果を表す副詞節である。(5)は know の目的語であり，名詞節である。 (3)(6) who 以下はまったく同じ英文であるが，(3)は know の目的語で，間接疑問文に相当する。これは名詞節。(6)は who 以下は the boy を修飾する関係代名詞節で，形容詞節である。

2 **解答** (1)④ (2)③ (3)① (4)③ (5)②

解説 (1)時制の一致の問題だが，主節が過去形なので，従属節は過去形・過去完了形になるのが原則。for three days と期間を示す語句があるので，過去完了形を選ぶ。直接話法にすると，he said to me, "I have been ill for three days." となる。 (2) It is time のあとに続く that 節(that は省略)中の動詞には仮定法過去が使われる。 (3) me の次に疑問文が接続されているので ask を選ぶ。 (4)分詞構文である。接続詞を使って書きかえると When I entered the store, ... となる。 (5)「彼の助けがなければ私たちはうまくできなかっただろう」①の But を使うなら But for にする必要がある。

> **POINT**
> **時制の一致（過去完了）**
> 時制の一致で，一致した結果が過去完了の場合には，もとの文が以下の3つの時制のどれかである。
> He said that he had been ill.
> ① He said, "I have been ill."
> ② He said, "I was ill."
> ③ He said, "I had been ill."
> どれであるかは文脈(前後関係)から決める。

3 **解答** (1) go → went〔should go〕 (2) can → could (3) Do you think why → Why do you think (4) said to → asked (5) can → could (6) were I → I were または If were → Were (7) The → Because〔Since〕the または The train had → The train having (8) This → It

解説 (1) It is time のうしろに続く節の動詞は仮定法過去または should ＋原形。または It is time for you to go for a walk with your dog. でもよい。 (2)主節が過去形なので時制を一致させる。 (3) Do you think に間接疑問文を続ける場合は疑問詞が文頭に出る。 (4)間接話法では疑問文を続ける場合の伝達動詞は ask を用いる。 (5) I wish に続く節は仮定法になる。 (6) were が文頭に出るのは If を省略した場合である。 (7) The train 以下の文と we 以下の文が接続詞なしで接続されるのはおかしい。接続詞を用いるか，分詞構文にするかのどちらかである。 (8)形式主語の It を用いる構文にする。

4 **解答** (1) Otherwise (2) asked, not to (3) If, were (4) Without (5) Since〔Because〕 (6) Not having

解説 (1)「実際は知らなかったのだが，もし知っていたら」を1語で表現する。 (2)間接話法で，please で始まる命令文を接続する場合は，ask ～ to ... とするが，この命令文が否定命令文なので，to 不定詞の前に not を置く。 (3)「紳士ならば，そんなことをいわないよ」が文意。 (4) Had it not been for ～ → If it had not been for ～は「～がなかったら」の意味であり，But for ～または Without ～で表現できる。(5)「東京に住んでいるので，東京ディズニーランドによく行ったことがある」という意味。 (6) not を用いた否定完了形なので，分詞構文では Not having を用いる。

5 **解答** (1) He said to〔asked〕her, "Where were you yesterday?" (2) I am sorry I did not know about it. (3) The train (being) crowded, we had to stand all the way home. (4) What do you think was wrong with her? (5) He asked her if her sister would come to the party the next day.

(6) With (some) money, I could have bought the ticket.

解説 (1) the day before とは「その前日」という意味で、つまり「きのう」である。 (2)〈I am sorry ＋直説法の否定文〉で表現する。 (3)主節と従属節で主語が異なるため、独立分詞構文とする。なお、この being は省略してもよい。 (4) Do you think に続く間接疑問文では、疑問詞を文頭に出す必要がある。 (5) tomorrow とは「翌日」であるから、「その次の日」の意味を表す語句にすればよい。 (6) If を使うと、If I had had (some) money, I could have bought the ticket. となり、条件節を「～があれば」の With で表す。

第23章 特殊構文と呼応
基本問題　p.121～122

1 **解答** (1) It was Jack that〔who〕bought the book at the shop.　(2) It was the book that〔which〕Jack bought at the shop.　(3) It was at the shop that Jack bought the book.　(4) It was from Betty that I got a letter.　(5) It was because he was ill that he could not come to the party.

解説 原則的にもとの文が過去形ならば、強調構文の be 動詞も過去形にする。 (1) that は who でもよい。 (2) that は which でもよい。 (5)強調構文は節でも強調できる。

2 **解答** (1) Never did I think that he would succeed.　(2) Were I you, I would not do such a thing.　(3) Young as she is, she can go there alone.　(4) Hardly had she begun to read the book when the bell rang.　(5) Scarcely had I run out of the building before it exploded.

解説 (1)(4)(5)否定の副詞を文頭に出して倒置すると、以下は疑問文の語順と同じになる。 (1)では助動詞 did が必要になるが、(4)(5)ではすでにある完了形を作る助動詞 had を主語の前に置く。 (2) if 節の中の be 動詞または助動詞を文頭に出して疑問文の語順にすると、if はなくなる。 (3) Though で始まる譲歩節では、倒置にすれば as を用いて表現できる。

3 **解答** (1) want to come の come　(2) should go の go　(3) I like her の I like　(4) likes her　(5) don't like Japanese food の like Japanese food　(6) that it will not be fine tomorrow の not 以外すべて　(7) Why can't you eat it? を Why not? に　(8) I was　(9) that　(10) that

解説 (1)～(7)は後半の共通語句を省略する。 (1)代不定詞と呼ばれる形になる。 (6)(7)否定の not だけを残す。 (8)特定の副詞節中の慣用的な主語と動詞の省略である。 (9)名詞節を導く that の省略である。動詞の目的語の場合のみ省略できる。 (10)関係代名詞の目的格の省略。

POINT
than＋主格(目的格)
比較級の文の than の次は主格でも目的格でもよいのだが、主格か目的格かで意味が異なる場合がある。

I love her better than he (loves her).
(私は彼〈が彼女を愛している〉よりも彼女を愛している)

I love her better than (I love) him.
(私は彼〈を愛する〉よりも彼女を愛している)

4 **解答** (1) 1　(2) 1　(3) 2　(4) 2　(5) 1　(6) 1　(7) 2　(8) 2　(9) 1　(10) 2

解説 (1)(8)語尾が -s で終わっている名詞だが、単数扱いになる。 (2)(3) family は集合として考える場合は単数扱い、ひとりひとりとして考えるならば複数扱いである。 (4)(5) a number of ～は many の意味なので複数扱い、the number of ～は「～の数」という意味なので単数扱いである。 (6)(7) half of ～が主語の場合は、「～」にくる名詞が単数形か複数形かにより、単数扱いか複数扱いかが決まる。 (9)(10) there is〔are〕～の構文は「～」にくる名詞が単数形ならば is を用い、複数形ならば are を用いる。

5 **解答** (1)このバスに乗ればあなたはその病院に行ける。　(2)私たちは雨のためピクニックに行けなかった。　(3)あなたはほんの少し運動すればよく眠れるでしょう。　(4)彼はなぜ考えを変えたのですか？　(5)あなたはこの薬を飲めばもっと気分がよくなりますよ。　(6)あなたはこの電車に乗ればもっと速く移

動できる。 (7)彼女はプライドが高いのでそのようなことができなかった。 (8)急用のため彼はニューヨークへ行った。

解説 (1)(8)〈take＋人＋to ～〉は「～へ人を連れていく」の意味。 (2)〈prevent＋人＋from ～ing〉は「人が～することを妨げる」。 (3)〈give＋人＋～〉は「人に～を与える」。 (4)(5)〈make＋人＋動詞の原形〉は「人に～させる」。 (6)〈enable＋人＋to ～〉は「人に～することを可能にさせる」。 (7)〈allow＋人＋to ～〉は「人が～することを許す」。

応用問題　p.123

1 **解答** (1) It was not until you told me that I knew about it. (2) Should you meet her, what would you say? (3) You should buy and read the book. (4) Neither do I.

解説 (1) not を取ったあとの文の動詞の形に注意。 (2)仮定法で if を省略する方法は, 助動詞または be 動詞を文頭に出す。 (3) you should, it が共通部分。残った and と read の位置に注意。 (4)否定文を受けて「私もだ」という場合は, neither または nor を用いる。

2 **解答** (1) are → is (2) have → has (3) Neither didn't I. の didn't → did (4) are → is (5) that was → that were (6) to change → change

解説 (1)学問の名前は語尾が -s で終わっていても単数扱い。 (2) A nor B の形は, 動詞は B に一致。 (3) Neither にすでに否定の意味がある(not＋either)ので, didn't の n't が余分。 (4) The number of ～ は単数扱い。主語が長いのでどれが主節の動詞かを見つけるのに注意。 (5)強調構文であるが, もとの文は John and Kathy were responsible for the trouble. となるので, that 以下の be 動詞は were になる。 (6)〈make＋目的語＋原形不定詞〉である。

3 **解答** (1) Mr. Smith, a writer, wrote to us. (2) "Will it rain tomorrow?" "I hope not." (3) Some people like coffee, and others tea. (4) "I know her." "So do I."

解説 (1)同格の表現方法である。コンマで名詞句を並べればよい。 (2)応答の表現は, 省略しない場合 "I hope it will not rain tomorrow." になる。 (3)同じ動詞がくり返されるので省略されている。 (4)肯定文に対して「ぼくもだ」という表現は so を用いる。

実戦問題　p.124～125

1 **解答** (1)③ (2)① (3)② (4)④ (5)① (6)③

解説 (1) He bought ～ at the shop yesterday. の文の ～ の部分を強調構文にすると, It is ～ that he bought at the shop yesterday. となり, この文の ～ の部分を尋ねる疑問文である。 (2)同格の接続詞は that だけである。 (3)否定文を受けて, 「～もだ」という場合には Neither または Nor を用いる。 (4) Hardly が文頭にくると倒置がおこり, この場合, 過去完了の疑問文の語順になる。 (5)仮定法未来の倒置である。2. と 4. では文頭に If が不足, 3. では最後に to が必要である。 (6) I'm afraid that he will not come. が完全文。

2 **解答** 下線部が省略されている語である。
(1) You may buy it if you want to buy it.
(2) I hope that it will not rain tomorrow.
(3) Why do you not〔don't you〕want to meet her again? (4) I like him better than I like her.
(5) Knowing is one thing, doing is another thing.
(6) She bought the cake and she ate it. (7) I lost the book that〔which〕he had given me as a birthday present. (8) I know that he had lived there before he moved to this town. (9) When he was a boy, he was a member of a baseball team.

解説 (1)最後が代不定詞である。 (2)前の疑問文すべてが応答文で省略されている。 (3)前の文のくり返しを避けるための省略。 (4) than 以下では目的語以外が省略されている。 (5)同じ動詞のくり返しを避けるために省略している。 (6) bought の目的語は名詞で表し, ate の目的語には代名詞を用いる。 (7)関係代名詞の目的格の省略。 (8)名詞節を導く that の省略。 (9)副詞節中の主語と動詞の省略。

3 **解答** (1) Never I thought → Never did I think または I never thought (2) are → is (3) like → likes (4) read → reads, lend → lends (5) are → is (6) likes → like

解説 (1) Never を文頭にもってくると，以下は疑問文の語順と同じになる。したがって，助動詞が必要。(2) The number はこの文の主語であり，「〜の数」という意味なので単数扱いされる。(3) A as well as B が主語の場合は，動詞は A の人称・数に一致。(4) A, B and C の形なので，A が 3 人称・単数・現在ならば，B と C にも 3 人称・単数・現在の -s がつく。(5) news は形は -s で終わっているが，単数扱い。(6) (n)either A (n)or B は，動詞は B に一致。

4 **解答** (1) We arrived in the city of Osaka yesterday. (2) I know Kathy, a friend of his. (3) It is not this car that we want to buy. (4) Old as he is, he runs five miles a day. (5) There are three books on the desk.

解説 (1)「大阪市」を the city of Osaka と同格で表現する。(2)「彼の友だちの 1 人であるキャシー」を同格で表現する。(3)強調構文を用いる。(4)譲歩の節の表現の仕方を考える。Though がないのでほかの表現を用いる。(5) Three books are on the desk. では there が余るので，there 構文を用いることを考える。

5 **解答** (1) "I have read the book." "So has Jack." (2) Not until I visited his house did I know that he was rich. (3) John's children as well as John collect stamps. (4) There is little hope〔possibility〕that he will come back here again.

解説 (1)「ジャックもそうです」の部分の表現方法を考える。(2) このほかに，I did not know that he was rich until I visited his house. や It was not until I visited his house that I knew that he was rich. なども正解となる。(3)「A と同様 B も」の言い方なので，B as well as A を用いる。動詞の形は B に一致する。(4)同格を用いて表現する。There is little hope〔possibility〕of his coming back here again. とも表せる。

6 **解答** (1) illness, because (2) from, because

解説 (1)上の( )には ill の名詞形が入る。(2) A prevent B from 〜ing「A は B が〜するのを妨げる」＝「A のため B は〜できなかった」

大学入試レベルにチャレンジ p.126〜127

1 **解答** (1)① (2)④ (3)① (4)② (5)④ (6)② (7)③ (8)② (9)④ (10)② (11)③

解説 (1) The poet and scholar は「詩人でも学者でもある人」なので単数。(2)「いつ帰ってくるか」は未来のこと。(3)主語は he なので，過去分詞の分詞構文にする。(4)〈with＋O＋過去分詞〉。(5)仮定法過去完了の文。(6)「ほとんど知らなかった」という倒置。(7) Granted (that) 〜で「〜だとしても」。(8) If 節は過去の事実に反することの仮定なので仮定法過去完了で，主節は現在の事実に反することなので仮定法過去になっている。(9)〈suggest that＋S＋should＋動詞の原形〉の should が省略されている。(10) in sustaining 〜 and keeping ...の関係になっている。(11)「私が正しいと思ったことをした」という意味。

2 **解答** (1) you couldn't have chosen a better time (2) should be aware of what is happening in their (3) is high time she knew how to behave (4) do you think it will be before Dan (5) poetry aloud helps us understand it better (6) it for granted that you must have (7) did I dream that Haruki would make a name for

解説 (2)間接疑問文。be aware of 〜で「〜に気づいている」。(3) It is high time 〜 の文。(4) do you think は疑問詞のあとにくる。(5) Reading poetry aloud を主語にして，〈help＋O＋動詞の原形〉を続ける。(6)「〜をもちろんのことと思う」は take it for granted that 〜。(7) Little did I dream は倒置の文。

3 **解答** (1)①, ④ (2)④, ③ (3)③, ②

解説 (1) shows us that what many people。what many people think は「多くの人が考えること」。(2) what it is that is making the noise。what it is that 〜は強調構文。(3) could have joined the party had I。倒置によって if が省略されている。